黄 维　王道波◆著

北部湾海岛旅游
可持续开发研究

辽宁大学出版社
Liaoning University Press

图书在版编目（CIP）数据

北部湾海岛旅游可持续开发研究/黄维，王道波著．—沈阳：辽宁大学出版社，2018.11
　ISBN 978-7-5610-9498-3

Ⅰ.①北… Ⅱ.①黄…②王… Ⅲ.①北部湾－旅游业发展－研究 Ⅳ.①F592.767

中国版本图书馆 CIP 数据核字（2018）第 250560 号

北部湾海岛旅游可持续开发研究
BEIBUWAN HAIDAO LÜYOU KECHIXU KAIFA YANJIU

出 版 者：	辽宁大学出版社有限责任公司
	（地址：沈阳市皇姑区崇山中路66号　邮政编码：110036）
印 刷 者：	沈阳海世达印务有限公司
发 行 者：	辽宁大学出版社有限责任公司
幅面尺寸：	170mm×240mm
印　　张：	10.5
字　　数：	165千字
出版时间：	2019年4月第1版
印刷时间：	2019年4月第1次印刷
责任编辑：	范　微
封面设计：	优盛文化
责任校对：	齐　悦

书　　号：	ISBN 978-7-5610-9498-3
定　　价：	37.00元

联系电话：024-86864613
邮购热线：024-86830665
网　　址：http://press.lnu.edu.cn
电子邮件：lnupress@vip.163.com

前　言

广西北部湾经济区（以下简称"北部湾经济区"）地处我国沿海西南端，位于华南经济圈、西南经济圈和东盟经济圈的接合部，是我国西部大开发地区唯一的沿海区域，也是我国与东盟国家既有海上通道又有陆地接壤的区域，区位优势明显，战略地位突出。随着中国—东盟自由贸易区加快建设、泛北部湾经济合作、泛珠三角区域合作等不断深化，给北部湾经济区带来了多区域合作发展机遇。国家深入实施西部大开发战略，特别是北部湾经济区开放开发上升为国家战略，为加快形成新的经济增长区域创造了千载难逢的机会。

旅游业作为服务业发展经济的重大举措之一，被广泛应用于世界各地。北部湾海岸线资源丰富，又有中国面积最大的内海——茅尾海，这为北部湾发展旅游经济提供了良好的条件。《广西北部湾经济区发展规划（2006—2020）》在海岸线分区中细分出了旅游观光岸线和休闲游憩岸线，立足旅游需求，发挥特色优势，将打造泛北部湾旅游圈作为重要经济发展目标。但是，就目前北部湾海岛旅游开发现状而言，缺乏系统全面的规划和建设，部分岛屿仍未开发，或者已开发岛屿面临经营不善的不可持续状态。为了北部湾海岛旅游可持续开发，达到促进经济发展的重要目的，急需一个符合北部湾海岛旅游发展的系统理论依据。

《北部湾海岛旅游可持续开发研究》是多位教授、博士等专业人士共同努力的成果。本书在充分掌握旅游开发理论的基础上，从海岛旅游标准与法律基础、海岛旅游开发战略研究、海岛旅游开发特色元素挖掘、海岛旅游生态分析等方面进行了系统的描述，并列举国内外成功的海岛旅游开发案例，针对北部湾海岛旅游开发现状，详述了海岛旅游开发模式，从海岛旅游资源可持续利用的角度阐述了北部湾海岛旅游开发的重要发展方向，具有很好的指导意义。

《北部湾海岛旅游可持续开发研究》不仅是单纯的理论研究，在秉承党的十九大"保护生态环境就是保护未来"的理念下，从定性和定量的角度进行海岛旅游生态分析，构建科学的无居民海岛开发模式模糊决策模型，充分界定不同海岛的最适合开发类型，并从可持续发展角度成功构筑了海岛可持续发展能力指标体系，无论是开发对策还是开发管理，都是海岛可持续开发的重要组成部分。

本书为专著，主要为旅游管理、生态学等海岛生态旅游相关专业人士提供参考，同时又可以作为本科生和研究生教材。

作者

2017 年 12 月 23 日

目 录

第 1 章 绪　论 / 001

  1.1　研究背景 / 001

  1.2　海岛开发实例 / 003

第 2 章 海岛旅游标准与法律基础 / 024

  2.1　海岛旅游标准 / 024

  2.2　海岛旅游法律基础 / 032

第 3 章 海岛旅游开发战略研究 / 041

  3.1　开发价值 / 041

  3.2　开展战略 / 044

  3.3　开发策略 / 047

  3.4　营销策略 / 050

第 4 章 海岛旅游开发特色元素挖掘 / 056

  4.1　地方元素 / 056

  4.2　地方文化 / 059

  4.3　旅游感知 / 064

  4.4　特色产品 / 076

第 5 章 海岛旅游生态分析 / 080

  5.1　海岛旅游环境承载力 / 080

  5.2　海岛旅游生态承载力 / 094

第 6 章　海岛旅游开发模式　/　101

　　6.1　乡村游　/　101

　　6.2　渔业游　/　107

　　6.3　休闲体育　/　114

　　6.4　农家乐　/　118

　　6.5　体验游　/　121

　　6.6　旅游开发模式集成　/　122

　　6.7　无居民海岛开发模式模糊决策　/　125

第 7 章　海岛旅游资源可持续利用　/　142

　　7.1　可持续开发研究　/　142

　　7.2　可持续开发评价　/　144

　　7.3　可持续开发对策　/　151

　　7.4　可持续开发管理　/　153

参考文献　/　156

致　谢　/　159

第1章 绪 论

1.1 研究背景

我国海岸线漫长、海岛众多。随着我国从海洋大国向海洋强国的转变，海岛的开发急剧增加，并且海岛经济对 GDP 的贡献率也在不断地上升。海岛凭借着独特的生态环境，日益成为理想的旅游目的地，所以海岛休闲旅游成为海岛经济开发中一个重要的组成要素。然而，我国的海岛开发没有国外成熟，缺少经典的成功案例，这一方面相对薄弱。而且，很多地方的海岛开发缺少统一的规划，从而开发活动存在较为普遍的随意性，造成秩序相对混乱，严重地影响着海岛生态环境，同时也影响着海岛资源的永续开发。

海岛开发过程中，无居民海岛因其独特性而备受关注。这些海岛基本没有什么开发，也没有被破坏，还保留着以前的风貌和生态环境，在海岛旅游发展中占有重要战略地位。因此，在经济发展与资源集约利用相冲突的背景下，基于全域旅游、全民旅游的现状，无居民海岛的开发利用越来越受到重视。

2003 年 7 月 1 日，我国正式实施了《无居民海岛保护与利用管理规定》（国海发 [200310] 号）。该规定指出，无居民海岛是指在我国管辖海域内不作为常住户口居住地的岛屿、岩礁和低潮高地等。2010 年 3 月 1 日起施行的《中华人民共和国海岛保护法》中，无居民海岛被定义为不属于居民户籍管理的住址登记地的海岛。从我国对无居民海岛的界定中可以看出，没有常住人口、没有户口居住登记的海岛都属于无居民海岛，包括有人在海岛上进行各种开发，如旅游、养殖、科研和军事等。

无居民海岛旅游开发在海岛旅游发展中不断强化，相比有居民海岛更具开发价值。国家海洋局会同民政部和总参谋部颁布的我国第一部关于无居民海岛的法规《无居民海岛保护与利用管理规定》于 2003 年 7 月 1 日起施行，其中明确单位和个人可以通过向县级以上海洋行政主管部门申请使用无居民海岛，法规还强调了无居民海岛的保护、规划、整治以及罚则等。2010年3月1日，我国正式实施《中华人民共和国海岛保护法》（中华人民共和国主席令第二十二号），严格规定了我国无居民海岛保护与开发问题。随后一系列的配套政策，促进了无居民海岛开发利用的顺利进行。2012年4月19日，国家海洋局正式公布实施了《全国海岛保护规划（2011—2020年）》，使海岛的开发利用更加规范。其中明确划分了9个无居民海岛的用途，旅游娱乐用岛排在首位具有重要意义。2012年4月25日，国家海洋局公布的《全国海洋功能区划（2011—2020年）》，也将"旅游休闲娱乐区"作为8个功能区的重要组成部分，并于2015年8月发布《全国海洋主体功能区规划》，将北部湾海域列为优化开发区域，表明发展方向。国家层面对海洋乃至海岛旅游开发出台了相应的法律法规及规划，地方政府也做出响应。2008年2月，《广西北部湾经济区发展规划（2006—2020年）》发布实施，其中将北部湾经济区海岸线划分为7种类型，包含"旅游观光岸线"和"休闲游憩岸线"，打造包含海岛旅游的精品旅游项目，构筑泛北部湾旅游圈。《广西壮族自治区海岛保护规划（2011—2030年）》对广西沿岸的无居民海岛进行分类保护规划，并对旅游娱乐用岛做了进一步划分。

广西壮族自治区管辖海域范围内共有海岛646个，其中有居民海岛14个，无居民海岛632个，主要分布在钦州湾等7个不同海区，具有有居民海岛少，无居民海岛多；近岸海岛多，远岸海岛少；大部分岛屿小而分散，开发程度低，很少海岛能形成独立的社会经济单元等特点。钦州有无居民海岛288个。国家海洋局于2011年4月12日公布的《中国第一批可开发利用无居民海岛名录》中涉及辽宁、山东、江苏、浙江、福建、广东、广西和海南等8个省区，共计176个无居民海岛，广西仅有钦州市公布了11个无居民海岛，除独山背岛为城乡建设用岛，其余10个岛屿均可开发为旅游娱乐用岛和交通运输用岛，目前均未见开发建设。因此，在海岛保护性开发利用的趋势下，根据钦州海岛开发的实际情况，结合可开发无居民海岛的自然条件，探究其旅游开发模式并进行适宜性评价，成为科学合理进行无居民海岛开发的重要前提条件。

1.2 海岛开发实例

1.2.1 国外海岛

国外海岛旅游起步较早，有许多成功案例值得我们学习和借鉴，如马尔代夫、夏威夷和坎昆等海岛。

1.2.1.1 印度洋岛屿马尔代夫

马尔代夫位于赤道附近，位于北纬4度，东经73度。马尔代夫东北与斯里兰卡相距675千米，北部与印度的米尼科伊岛相距约113千米，是印度洋上的一个群岛，也是世界上最大的珊瑚岛国。陆地面积约300平方千米，海域面积约9万平方千米，海拔平均1.8米。由1 200余个小珊瑚岛屿组成，其中1/6的岛屿有居民生活，国家人口约20万。马尔代夫平均气温28℃，年降水量1 900毫米，具有明显的热带雨林特征，一年四季如夏。马尔代夫风光秀丽、气候宜人、环境优美以及海洋资源丰富，被誉为"印度洋上人间最后的乐园"。近年来，马尔代夫以海岛旅游闻名于世，旅游业迅速发展，并成为它的三大经济支柱之一。马尔代夫旅游业的成功发展，有很多地方值得借鉴。

马尔代夫海岛旅游业的成功，首先得益于重视规划和政府监督。马尔代夫在开发海岛的规划中，以"规划先行，特色发展"为原则。马尔代夫在海岛开发中共制订了三个"十年计划"，每个海岛"十年计划"都按计划实施。每一个海岛都经过规划公司规划设计，并经严格论证后报国家批准方可建设。在建设海岛的过程中，严格按照制订的规划执行，不能轻易变动。政府注重旅游业的管理体制和监管系统，强化旅游部门的行业综合管理、协调及监督能力。国家旅游部门实行了极为严格的审查制度，如对现有和新建的酒店、度假村的开发和运营实施严格的监控，定期对酒店、度假村进行监督检查，如检查不达标，则进行罚款或者关闭。

马尔代夫海岛旅游发展的成功，主要是根据自身资源条件，注重发挥其特色，开发出"马尔代夫模式"。马尔代夫在开发海岛的过程中，始终采取"四个一"的模式，即一座海岛配套一系列功能齐备的休闲娱乐及后勤服务等设施，一座海岛只建设一个酒店(或度假村)，一座海岛及周边海域只允许一个投资开发公司租赁使用，一座海岛突出一种建筑风格和文化内涵，从而使马尔代夫形成了一个独具特色的度假区。正是这种新颖别致的开发模式使马尔代夫海岛旅游开发取得了成功，成为世界各个国家发展海岛旅游学习的典范。

马尔代夫在进行海岛旅游资源开发的同时，将生态环境保护作为一项重要工作。政府为了避免珊瑚礁受到损害，制定出了相关政策保护珊瑚礁，不允许任何建设项目使用珊瑚礁石作为原料。在学校宣传有关环保知识，使马尔代夫的孩子们从小就意识到保护环境的重要性。马尔代夫采用了"三低一高"的开发原则(即低密度开发、低容量利用、低层建筑、高绿化率)来保护岛上的旅游资源和生态系统免遭破坏。为了确保岛上自然资源的可持续发展，马尔代夫政府还规定禁止砍伐树木，确保绿树成荫，规定不能网鱼只能钓鱼，来保护丰富的渔业资源。海岛规划中规定，每个岛上的建筑风格都不同，主要以别墅式和木质结构为主，还不得高于两层，建在礁盘水面上的单层别墅用木桥相连。马尔代夫的每一个小岛都各具特色，出租给不同的公司经营，风格不同的建筑物构成了岛上另一道亮丽的风景。另外，马尔代夫注重工业污染的控制，使岛屿附近海水清澈见底，赏心悦目。除游客和服务人员外，其他人员未经许可不得进入度假区和旅游区域，有效地节约了管理成本，保护环境，游客也能够处在一个相对安全、清静、放松的环境中，有助于增加他们旅游的美好体验。

1.2.1.2 太平洋岛屿夏威夷

夏威夷群岛是美国唯一的群岛州，由太平洋中部的124个小岛和8个大岛组成。首府位于瓦胡岛上的火奴鲁鲁，它犹如一轮弯弯的明月镶嵌在太平洋中部水域，陆地面积为1.67万平方千米。夏威夷地处热带，属于海岛型气候，终年有季风调节，气候温和宜人。来自不同方位的风令其一年四季的平均气温最高不超过33℃，最低不低于19℃，每年平均温度约在26℃~31℃，温度及湿度保持在理想的状态。夏威夷群岛是太平洋的"十字路口"，是亚洲、美洲和大洋洲间海运、空运的枢纽，其地理位置具有重要的战略地位。岛上独特的火山景观环境优美，居民热情，加上没有受到污染的空气、海水、灿烂的阳光及载歌载舞的热闹氛围，故其还有"人间天堂"之称。近年来，夏威夷的旅游业发展突飞猛进，成为经济发展的重要支柱，旅游业收入已在各行业中居首。以下方面对海岛旅游业的成功发展，具有重大借鉴意义。

夏威夷政府非常注重旅游营销，加强开发旅游市场，这也是夏威夷旅游业得以闻名于世的重要原因。夏威夷政府为了细致地了解游客的需求，每年都会拨出巨资在世界各地进行市场调查和旅游促销，并及时根据游客的回馈来改善和强化各项旅游设施和旅游服务。为了旅游产业的可持续发展，优美的环境得以持续，夏威夷政府非常关注环境保护，强调生态理念。为了给草地、森林、公园等尽可能地留下空间，严格规定岛上建筑物的高度和密度，十分注重岛上各种自然资源和环境的保护。在海岛的经济建设中，注重环保，引导"清洁"产业发展，注重金融服务产业，鼓励水产养殖，发展海洋科学，发展热带农业等。

夏威夷努力为游客营造宾至如归的旅游环境，让夏威夷的每位游客都能感受到浓浓的热烈气氛与文化氛围。每一位游客都熟知夏威夷的问候语"阿罗哈"（表示问候），因为在观光轮船接近夏威夷外海时，便有热情如火的夏威夷女郎驾着小舟靠近轮船，高喊着"阿罗哈"把一串串五颜六色的花环送给游客，她们最真挚的欢迎之情由此表达。于是，游客受到如此热烈欢迎仪式的影响，见到熟人就会用"阿罗哈"打招呼，并给朋友送上夏威夷的特色花环，增进友谊的同时又为夏威夷的旅游做了宣传。

夏威夷节日众多，对于游客来说，哪个月份去到夏威夷，都会有具有地方特色的节日可以参加。一月份的节日有水仙花节、古典式冲浪比赛；二月份的节日有滑雪大会、堆沙堡大赛、樱花节；三月份的节日有库希奥王子纪念日；四月份的节日有希洛梅里女王纪念日、释迦牟尼纪念日；五月份的节日有花链节、霍诺卡牧人竞技比赛；六月份的节日有卡米哈米哈国王纪念日、环岛木舟赛、冲浪锦标赛；七月份的节日有尤克里里琴节、希洛果园花展；八月份的节日有女王杯凯基草裙舞节；九月份的节日有希洛夏威夷郡博览会；十月份的节日有毛伊郡博览会；十一月份的节日有科纳咖啡节；十二月份的节日有檀香山马拉松赛、世界杯桥牌预选赛等。夏威夷各种节日、比赛接连不断，一年四季热闹非凡，让每一位到夏威夷海岛来旅游的游客都享受到节日的热烈气氛，满足了不同时节旅游市场的需求。

夏威夷虽然只有百万居民，但平均每年却要接待八百万游客。夏威夷不光把海岛旅游灿烂的阳光、美丽的沙滩、清洁的海水等自然环境的浪漫元素发挥到极致，还把婚礼、宴席等人文元素考虑周到，让岛上充满海岛旅游的浪漫气息。夏威夷素有"爱之岛"的美誉，每年都要接待 30 多万对度蜜月的新人。其中，世界首富比尔·盖茨的婚礼也在夏威夷举行，为夏威夷的浪漫品牌再添惊艳的一笔。

1.2.1.3 加勒比海岛屿坎昆

加勒比海地区海岛旅游业发展较早，其中坐落在墨西哥东南部海面上最璀璨的明珠坎昆就位于加勒比海北部，墨西哥尤卡坦半岛东北端。坎昆是墨西哥著名国际旅游城市，风景秀丽，是世界七大海滩度假胜地之一。整个岛呈蛇形，西北端和西南端有大桥与尤卡坦半岛相连。隔尤卡坦海峡与古巴岛遥遥相对。该城市三面环海，风光旖旎。坎昆地处热带，全年平均气温为 27.5 ℃，每年仅有雨、旱两个季节。

过去它只是加勒比海中靠近大陆的一座长 21 千米、宽仅 400 米的狭长小岛，是一座只有 300 多人的僻静渔村。20 世纪 60 年代为仅有几十户人家的渔村，1981 年世界南北会议在此召开。墨西哥政府于 1972 年在这里投资 3.5 亿美元建设旅游区和自由贸易中心，重点发展旅游业，1975 年开始接待游客。现已形成旅游、会展、酒店等规模产业的成熟体系，每年接待国际游客 600 多万人次，游客中 1/3 以坎昆为中心到附近的尤卡坦半岛各玛雅古迹参观。

坎昆市划分为三部分，包括国际机场、市区和旅馆区，归属金塔纳罗奥州华雷斯港管理。市区的各行各业均为旅游业服务，市内的旅馆建筑风格色彩各异，多种多样。其中，因南北会议曾在这里举行而闻名于世的谢拉顿旅馆是一座 6 层楼的金字塔形建筑，海边有一片 20 千米长的白色沙滩，被分别命名为"白沙滩""珍珠滩""海龟滩"和"龙虾滩"，铺满了由珊瑚风化而成的细沙，柔如毯、白如玉，在海滩上还建有玛雅式凉亭和小屋，以棕榈叶为顶，石为柱，岛上还有体现玛雅文化的圣米盖里托古迹废墟等建筑。

坎昆作为世界著名的旅游岛屿，成功之处包括以下方面：

首先，坎昆的环境建设方面，设计巧妙，考虑周到，让游客尽情享受海岛旅游带来的舒适与惬意。建筑设计坚持"天人合一"的思想，室外建筑物设计别出心裁，各具特色，强调立体式绿化，使整个度假区成为充满艺术氛围和自然情趣的建筑胜地。酒店室内设计也布局合理和巧妙；大堂设计别具一格，有的设计为热带植物园，使人感觉置身于森林，令人心旷神怡；酒店内的游泳池构思巧妙，泳池大小高低形状均不同，设计新颖，造型美观；客房策划设计巧妙，几乎每座酒店的房间阳台都面向大海。

其次，坎昆在综合考虑了坎昆的气候状况、环境效应、土地所有权、交通设施状况、通信设施状况、附近的居民中心、本地的社会经济发展水平以及旅游业发展经验等因素，因地制宜，结合自身自然环境和社会因素，选择适合自己的定位，确定了发展综合海岛休闲旅游度假区的定位。这种度假区避免过多的环境和社会文化的负面效应，能够很好地促进当地旅游业有条不紊的发展。

坎昆在制订整个旅游度假区的计划时，注重民主的广泛参与性，符合当地居民意愿。坎昆在做景区规划时，不但注重政府科学和缜密的规划，而且听取公众的建议。在规划编制过程中让技术人员深入调查研究，发动专家讨论，组织对各个方案进行比较，博采众长，对重要建筑或基础设施的修建，除规划部门把关外，必要时进行公民表决，充分尊重当地居民意见。

1.2.2 国内海岛

1.2.2.1 *山东省海岛*

（1）山东省海岛概况

山东省共有海岛326个，其中冲淤沙质岛91个（滨州近岸89个、长岛岛群1个、烟威北部岛群1个）、基岩岛235个（威海86个、烟台72个、青岛68个、日照9个）。岛上陆地总面积约136.2平方千米，35个常驻居民岛人口总计超过9.2万人。长岛县是唯一的县级海岛，乡镇级海岛16个。有码头或简易码头的海岛44个，有客船通航的海岛11个。

青岛、烟台、威海海域都有一些海岛，由于这些沿海城市经济水平较高，附近海岛社会经济基础雄厚，具有较为完善的城镇体系。城市现代化建设突飞猛进，为海岛旅游业发展提供了良好依托。青岛、烟台、威海等市与韩日经贸联系较为紧密，经济外向度强。国际旅游市场前景广阔，商务会展市场加大，必将进一步开拓国际旅游市场。山东半岛海岛旅游业在国内市场方面，具有明显的交通区位优势，国内旅游市场具有广域化发展的潜力。

山东主要海岛的资源个性突出，具有区域垄断性资源。就具体的岛群而言，旅游资源地域组合形式多样，各海岛群资源类型相对齐全，具有旅游开发的空间集聚优势，提升了海岛旅游的品位。刘公岛秀丽风光与人文古迹和悲壮的历史事件完美结合，长岛岛群海蚀地貌、天象景观和悠久的历史文化结合，具有较高的旅游开发价值。

（2）山东省海岛开发的制约因素

环境因素：山东省海岛所处海域，大风、寒潮、海雾、干旱等灾害性天气较多。大风时海岛航运停航，给游客进出岛屿造成一定困难。全省海岛地处暖温带，观光度假旅游活动季节劣势明显。海岛旅游环境本身更具脆弱性，兴建旅游接待设施，可能会破坏海岛生态环境。目前，全省海岛旅游开发主体环保意识薄弱，资源破坏问题突出。

资金因素：由于资金短缺，海岛基础设施建设相对滞后。发展资金的匮乏，客观上阻碍了海岛旅游的开发，要求全省海岛旅游开发要增加资金来源。

管理体制：省内各岛普遍进行孤立开发，同一海岛区域旅游资源划归不同的部门管理，造成景区内多头领导。还有海岛或单个海岛的特定区域属于军事管理区，军事用地也与海岛旅游开发矛盾。旅游的开发潜力和发展空间受到一定限制。

人力资源要素：山东省诸岛旅游从业人员文化水平有限，严重制约了海岛旅游的发展，应提高旅游从业人员的教育水平，加大旅游服务培训力度。

（3）青岛市田横岛

青岛市主要有田横岛、斋堂岛、竹岔岛和长门岩岛等岛屿，自然景观优美，气候宜人。其中田横岛拥有较为丰富的人文景观，具备旅游开发的物质基础。这些岛屿以青岛市为依托，与近岛沿海各旅游景区紧密协作。即墨温泉度假区在地理位置和资源组合上和田横岛旅游度假区具有非常紧密的联系，度假区之间在度假设施的开发建设上互通有无，在度假活动的组织上有机组合，将有利于青岛市旅游市场的进一步壮大。

田横岛位于即墨市东部海域的横门湾中，是青岛市第二大岛，秦末汉初齐王田横及其五百将士自刎于此而得名。田横岛与著名的崂山风景区隔海相望，西距大陆3千米，南距青岛码头68千米，海岸线长8千米，总面积约 1.46 平方千米。

田横岛属温带海洋性气候类型，气候温暖湿润，冬暖夏凉。岛上空气清新，树木四季常青。南坡岬湾相间是垂钓的绝好去处，北岸是开展海上运动项目的极佳场所。海岛水域盛产鲍鱼、扇贝等多种海产品，物产丰富。历来深受文人墨客厚爱的"田横砚"，是田横岛的一大特产。五百义士墓，是田横岛著名的历史遗迹。老仙洞、神龟石、海神娘娘等传说增添了田横岛独特的民俗风情。1991 年，田横岛试开发；1992 年，进行旅游综合开发；1993 年，被评为"青岛市十大景点之一"；1997 年，承办了青岛国际啤酒节（田横岛分会场）；1998 年 6 月，成立田横岛省级旅游度假区，度假区由三联集团和即墨市政府共同管理。

经过多年建设，田横岛旅游区有两处接待站，可停放百余辆大型客车，六处码头供客货轮登陆停泊，拥有客轮、登陆艇、中型豪华客轮、摩托艇、木质交通船等，并组建了豪华旅游车队。三联集团独资开发的田横岛度假村，拥有客房、中西餐厅、KTV 包房、大中型会议厅、综合娱乐大厅等。田横岛旅游区现已推出多种旅游娱乐产品，岛内有邮电大楼、太阳能热水器、高压电缆，横跨海地的输水管道的投入使用，使岛内设施进一步完善。

（4）烟台市长岛、蓬莱、养马岛

烟台的海岛以长岛为主，"渔家乐"项目，已成为长岛旅游的知名品牌。现已审批的"渔家乐"业户共有 681 户，8 000 多个床位，基本上能满足进岛游客的住宿需求。长岛在强化"渔家乐"旅游品牌的同时，积极开拓度假市场，通过度假产品的供给，延长游客滞岛时间，提高旅游系统经济效益。用于景区开发和基础设施配套建设的资金已达 5 000 多万元，全岛已有九丈崖、半月湾、林海、烽山、航海博物馆、庙岛等 15 处售票景区。相继开发推出"渔家风情游""绿色生态游"等系列特色旅游产品，举办了"庙岛妈祖庙会""二月二龙头香会"以及"太阳节"等节庆活动，旅游对外知名度明显提高。近几年，长岛旅游宣传促销力度有所增强，在报纸、电视等大众传媒上做了大量宣传报道，游客数量不断上升，旅游业成为长岛经济的主导产业。

蓬莱位于山东半岛北端，海岸线总长近 60 千米，东距烟台机场、烟台港 70 千米。蓬莱属北温带东亚季风区大陆性气候，冬无严寒，夏无酷暑，相对湿度 65%。境内地貌属低山丘陵类型，沿海及河流中下游有小片平原，境内最高峰海拔814米。蓬莱市旅游资源得天独厚，景观类型组合多样，综合优势较强。蓬莱市政府先后投入30余亿元，对历史文化和自然风光资源进行深入挖掘，恢复开发了蓬莱阁等20多处历史文化和自然风光景点，建起艾山森林公园等十余处自然风光景点，蓬莱阁景区被评选为"全国创建文明行业先进单位"、"国家4A级景区"。在景观组合上，已经形成北部由蓬莱阁、八仙传说等组成的以人间仙境、海滨风光为主体的仙海风光带；中部则形成以戚继光史迹为主体的历史名人观光区；北部的宋明水城有较高的军事价值和爱国主义教育价值；南部是艾崮山风景区。蓬莱市有14家旅行社，27家涉外宾馆，百余家中档饭店，各类床位万余张。2003年，旅游业接待国内外游客超200万人次，门票收入达8 000多万元，旅游业收入约逾10亿元。蓬莱空运交通便利，建有全国首家县级旅游飞机场，也有通往日本、韩国、中国香港等国家和地区的货运航线。蓬莱市基础设施完备，交通便利，可进入性较好。

养马岛为胶东第二大岛，地处烟台以东30千米、牟平区城北9千米的黄海之中，全岛面积7.6平方千米，四面环水，状若海参。史传秦始皇降旨在此饲养战马，而被授封为"皇家养马岛"而得名。岛上丘陵起伏，南缓北峭，草木葱茏，气候宜人，冬无严寒，夏无酷暑。蓝天碧海相映成趣，素有"东方夏威夷"之美称。现有通海路与烟威公路相接，交通便利；岛内有一环路、二环路横贯全岛；基础设施建设较为完善，岛西端建有5 000吨级泊位码头，乘船可通往沿海各大城市。1984年，养马岛被列为山东省重点旅游开发区。1995年，养马岛被山东省政府批准为省级旅游度假区。经过多年发展，养马岛的开发建设已具规模，建有20多个旅游景点和27处各类培训中心，整体上形成了以自然海景为特色，以度假休养为主，观光游览文化为辅的综合性旅游度假胜地。

（5）威海市刘公岛

威海市海岛旅游的优势：威海是连接中、日、韩三国的交汇点，区位价值明显；威海的环境质量和城市生态在全国领先，自然生态资源相得益彰；威海海岸线长，大量的海岛拥有丰富的海洋资源，海蚀、海积地貌发育完全；威海是我国第一个"国家卫生城市"，具有品牌优势。威海市海岛旅游也存在一定劣势：旅游业受季节性气候影响较强，夏季气候适宜是旅游旺季，而冬季则因寒冷游客较少；淡水资源缺乏，也将使海岛旅游开发受到限制；地处山东半岛的最东端，地势偏远，可进入性也较差。

刘公岛是烟威南部岛群的核心岛屿，也是国家重点风景名胜区和国家级4A级旅游区，刘公岛位于碧波荡漾的威海湾内，素有"不沉的战舰"之称。其北部海蚀崖直立陡峭，南部平缓绵延。刘公岛国家森林公园是全国第一个海上森林公园，总面积2.21平方千米，占全岛面积的2/3，森林覆盖率约占90%，树种以黑松为主，鸟类50多种，更有野生梅花鹿群出没其中。

刘公岛历史悠久，有战国遗址、刘公刘母的美丽传说。人文景观丰富独特，有清朝北洋水师及甲午战争等大批遗址。刘公岛是甲午中日战争的主要战场，岛上有大量的历史遗迹，被国务院批准为"全国重点文物保护单位"。甲午战争文化是刘公岛特有的主题，它具有独特性不可替代，在竞争中有独有优势。自1985年对外开放以来，刘公岛景区已成为著名的旅游胜地和爱国主义教育基地。景区游客逐年递增，现已成为全国具有较高知名度的旅游胜地。岛民向阳而居，住的是海草房子，喝的是雨雪水。那里民风淳朴，岛民都是钓鱼高手，用自制的钓具。

1.2.2.2 浙江省南麂列岛

（1）南麂列岛

南麂列岛，隶属平阳县，位于浙江省鳌江口外中国东部海域，其中心点为北纬27°27′，东经121°25′，西边距鳌江港55.56千米，距大陆最近的苍南县炎亭镇37.04千米，北边距温州城区101.86千米，南边距台湾省基隆港约227.8千米。区域总面积为201.06平方千米（52个大小岛组成中陆域面积为11.3平方千米），最大岛为南麂岛，因岛的外形看上去像鹿，故称为南麂岛，面积7.64平方千米，1990年成为中国首批5个海洋类型的自然保护区之一。同时，它又是中国唯一的国家级贝藻类海洋自然保护区，被誉为"贝藻王国"。

南麂列岛远离大陆，海洋风光秀丽，生态保持良好，海水清澈，含沙量低。陆域地貌以丘陵为主，由岩石、沙碱黄土组成，南麂列岛海域底质以粉砂质黏土为主，南麂岛和附近周岛的主要岩石为花岗岩，列岛地势以南麂岛中部为高，海底地形自西向东南下倾，水深一般在15~25米之间。南麂列岛以侵蚀剥蚀地貌为主，最高峰大山海拔229.1米，绝大部分为低丘陵，一般高度在80~198米之间。岩岸地区形成各种海蚀地貌，构成了海岛上醒目的景观。海岸长期受波浪冲刷，基岩裸露于外，该区域是江浙沿岸流与台湾暖流交汇和交替消长的区域，曲折的岸线形态，类型多样，礁石密布，沙滩多样。年平均气温为 16.5 ℃，夏无酷暑，冬无严寒，是天然的旅游度假区。

（2）南麂列岛自然和人文景观

南麂列岛自然景观包括石景、洲岛屿礁、海湾海域等非生物景观，这里有目前海岛上的热点景区。三盘尾位于南麂主岛上，是第一个热点景区，也是观望东海日出景色最漂亮的地方。整个景区位于列岛的尾端，像三只盘碟漂浮在东海，故得名"三盘尾"。除三盘尾景区外，还有"神龟潜水""海豚喷水""鱼跳东海"等景点，都以旅客对岩石的生动描述得名。南麂列岛自然景观还包括贝藻类生物、古树名木、动物群栖息地等生物景观。台湾暖流以及浙南沿岸洋流对南麂列岛海域的交替影响及独特的地理位置，使南麂列岛拥有特有的生物资源，有"东海海洋生物基因库"的美誉，特别是贝藻类生物，因其基因多样性和物种多样性，具有很高的学术价值。南麂列岛动植物品种丰富，除水獭、海龟、江豚等大型水生物外，可供研究的贝藻类就有 590 种，鱼类等有 300 多种。

南麂列岛人文景观历史悠久，历史文化遗迹众多，南麂社区就有很多明清建筑遗址。明万历十年，政府曾在此设有南麂副总兵保卫海防。南麂岛北面的国姓岙，历史上曾是华东地区的重要军港。郑成功曾经在这里驻扎练兵，现在去看的话，还可以发现为了纪念郑成功而赋名的国姓岙，建造的国姓庙等。南麂列岛的人文景观，可以促使游客对历史的追思，激发坚定的爱国情怀。

（3）南麂列岛基础设施

南麂列岛在 1998 年时为南麂镇，当地政府引进大量资金，积极完善岛上的通信、交通、供水、供电等基础设施建设，还修造建了诸多景区设施。2011 年 5 月成为鳌江镇南麂社区，现已设立几十个单位和部门在各职责范围内进行管理和服务。和旅游配套的基础设施主要包括交通、接待设施、旅游生活设施等。

外地的旅客去南麂列岛，可走陆路，直接坐火车、汽车到鳌江，然后乘坐公交车、出租车或者自驾到码头坐船上岛。走水路的话，平阳鳌江港客运码头有船，游客可以选择快艇和普通交通船，每年 4~10 月有快艇，上岛需要 70 分钟，115 元 / 人；普通交通船全年都有，上岛需要 130 分钟，

90元/人。来到南麂列岛的客船主要停靠岛内客运码头，有300吨级客货码头和500吨级客运码头各一个。来往其他小岛间的交通工具是渔船，旅客可以租船出海打鱼或者海钓。公交车是南麂岛上主要交通工具，大概20多辆。1998年，当地政府开始修建岛上的公路，到2014年基本可以贯穿重要的景点、码头、旅馆等场所。

岛上住宿分普通宾馆酒店和"渔家乐"两种类型，目前岛内共拥有大小宾馆酒店20多家，现有各类接待床位850多张，有独立卫生间和电视；"渔家乐"基本是岛上居民自己家里的房子稍微装修，简单设置床位，条件相对较差，但价格便宜。餐饮服务，以贝壳类、鱼类等海鲜为主。岛上购物有若干小型超市，有些商店有很多贝类的装饰品，但主要以海产品为主，如果要购买鲜活海产品可以直接去渔船上购买。海岛有较少的KTV娱乐场所、酒吧、茶座等。

南麂岛上有一口200米深机井，一些小型集水井和储水池，日总出水量大约800吨，岛上最大水库储水量最多达2万立方米，可满足游客在岛上的用水需求，但个别地处偏僻的酒店，供水紧张，各列岛因地制宜采取分点小规模的供水。雨水自然排放，生活污水均采用管道排水，污水集中处理，各岛根据实际需要，建设不同规模的污水处理设施。南麂列岛多年来仅依靠柴油发电机发电，旅游高峰期经常限电，岛上只有个别酒店自备发电机。为了解决岛上供电紧缺问题，2012年5月开始建设电网示范工程，2014年9月正式实施，电网示范工程充分利用阳光和风，在岛上建设风力发电系统、光伏发电系统来满足南麂岛发展旅游的需求。岛上实现通信手机信号全覆盖，居民和游客可以随时随地上互联网。岛内有一个大垃圾场，若干小型垃圾场，可以解决垃圾堆置问题。各个景点都设有垃圾桶，岛上有环卫部门，定期处理岛上的垃圾。岛上设有气象点、南麂海洋监测站，着重对岛上及周边的水文情况监测，及时把信息传给岛上的旅客和居民，提早防范。

（4）南麂列岛旅游业存在的问题

南麂列岛拥有奇特多姿的地貌景观，丰富多彩的生物资源，历史悠久的人文景观，比较好的旅游知名度和区域优势，同时当地政府重视南麂列岛的旅游开发，给予政策和资金的支持，应该说，南麂列岛的旅游业在这几年取得很大的发展。当前，南麂列岛旅游业还面临很多的问题需要解决。

旅游项目少，缺乏特色：目前，南麂列岛的主要旅游项目为"看山、游泳、吃海鲜"三部曲，能去的景区不多，旅游景区卖点少，景区内涵展现不够，岛上专业特色的旅游项目几乎没有，可供旅客消费的旅游娱乐项目很少，致使旅客逗留的时间短，客人两三天基本上可以结束在岛上的旅游。南麂列岛的旅游发展要打造特色品牌，增加新的旅游项目，能够在众多海岛旅游中脱颖而出，从而吸引更多游客。

陆岛交通不方便：陆岛交通是海岛旅游发展的瓶颈，乘船是目前进入南麂岛的唯一方式。水上交通存在受海洋天气因素（尤其台风、大雾）影响很大的问题。南麂列岛旅游有很强的季节性，旅游旺季正好是台风多发季节。

岛内基础设施不完善：公交线路设置不科学，设备陈旧，高峰时间水电供应紧张，接待条件较差且价格偏高。

生态平衡受破坏：污水垃圾威胁贝藻类生长，旅游景区生态遭到破坏，土壤流失严重，直接影响了整个景区的美观。

营销技巧有待改进：营销主体单一，当前的营销主体主要依靠政府，至于效果如何，缺少反馈渠道，没有发挥企业作为市场主体在营销中的作用，旅游营销主要以本地的媒体广告为主，影响范围较小，营销内容单一，没有形成自己的特色和品牌，缺乏创新型的整体营销规划。

1.2.2.3 福建省无居民海岛

（1）无居民海岛概况

据20世纪80年代调查显示，福建省的海岛有1 434个，岛屿面积之和约为1 284.35平方千米，其中有居民海岛101个，无居民海岛1 333个，此外不再将河口岛纳入统计。而1990年的调查结果显示，福建省的海岛总共有1 546个，其中无居民海岛1 416个，海岛面积之和约为1 400.13平方千米。总体上来看，福建省的无居民海岛的开发利用程度比较低，一些海岛由于距离大陆比较远，基本无人问津，还保持着原始状态，意味着这些海岛的生态承载能保持自我调节的能力。与之不同，一些靠近大陆以及港湾内的无居民海岛或者与有居民海岛靠近的小岛，由于当地经济发展水平较高，无居民海岛的开发利用程度也比较高，部分海岛在开发中由于保护不当或不力，超过了无居民海岛原有的生态承载力，造成了对海岛资源环境以及海岛生态系统的破坏。

(2) 无居民海岛开发特点

福建省港湾外海域的无居民海岛的开发利用程度低。与之相反，港湾内的无居民海岛开发程度高，而且港湾内的开发利用的类型比较多，其开发程度与破坏程度呈一定的正相关关系，对无居民海岛的岛屿以及周围海域的破坏程度，湾内也高于湾外。并不是所有的开发都会带来破坏，造成比较高程度的破坏的原因往往是不当开发。人类的合理活动可以提高生态承载力，而提升的条件与开发的方式密切相关，所以福建无居民海岛开发的方式很多方面还有待改进。

港湾外的无居民海岛以维持原状或保护为主，港湾外的部分海岛已经建立起了保护区。而港湾内的无居民海岛以开发利用为主，港湾内的无居民海岛的开发利用主要还是以港口与工程建设、围填海、农业开发以及渔业生产为主，与国内的其他省份相比并无太大的差别，开发的方式亦是粗放式经营的比较多，经济效益等并不非常突出。

伴随着开发利用海岛在大量消失。福建在20世纪80年代的海岛资源调查数据与现状相比较可以发现，一些无居民海岛正在慢慢消失，消失的海岛多数分布在经济发展较快的地区，特别是城镇建设与港口建设发展较快的地区。而根据近期各个城市的城镇与港口的发展规划显示，有一大部分的无居民海岛正在面临着消失与遭受破坏的处境，这些海岛主要分布在福清湾、湄洲湾、罗源湾、三沙湾、兴化湾以及厦门湾内。

(3) 无居民海岛开发形式

无居民海岛开发以开展渔业生产活动为主。这是由无居民海岛本身的生态环境所提供的资源决定的，海岛生态环境有利于海洋生物的繁殖、洄游等，因而很多渔民就利用海岛来进行渔业生产。一般有两种方式，一种是在海岛的周围海域构筑堤坝围堰养殖，这种方式往往范围较小，或者利用条石、网进行牡蛎等滩涂养殖，或者在海岛的周围浅海区进行网箱养殖等。当然，有些浅海因为缺乏科学的规范，养殖的密度并没有得到严格的控制，超过了海岛系统的生态承载力，使海岛环境的局部污染超过了海岛自身的调节能力。一些海岛处在红树林周围，造成了红树林的生态环境趋于崩溃。另一种渔业方式就是建立育苗池以及养殖池，一般是建在海水比较清洁的地方，往往取水管道、蓄水池、管理房等配套设施比较齐全。

通过围海填海的方式开发无居民海岛的方式比较常见，会使得海岛的特性发生比较显著的改变，使得这些海岛彻底成了陆地的一部分，或者无居民海岛成了堤内岛或者堤连岛。而大多数的堤内岛与堤连岛的山体已遭受到相当程度的破坏，只有部分岛屿形态得以比较完整地保留，周围仍有海水包围。而完全与陆地相连的陆地的海岛完全消失，如厦门市的象屿、钱屿、麂屿等海岛已经消失。

无居民海岛开发有些是挖掘无居民海岛的旅游资源，使海岛的旅游资源得到了一定程度的开发与利用。有的海岛作为滨海旅游区的配套景点，一些面积比较大的海岛直接开发成旅游度假区，海岛上建设有各种各样的旅游设施，包括别墅、宾馆以及餐饮等设施，如泉州市的大坠岛等。另外一些海岛风光独特，开发观光旅游项目，如位于漳浦县的莱屿列岛等。

无居民海岛开发是在海岛上建设一些导航的标志，如灯桩、灯塔、海底电缆标志、罗经校正标、抛锚的标志等，特别值得一提的是，在领海基点牛山岛上建了东南沿海最大的灯塔。还有一些海岛修建了电线杆、输电铁塔、电信发射塔等建筑物。

有些无居民海岛上存在着一些建筑物，可以列为利用的范畴，如存在一些简陋的管理房、坟墓、小庙等。一些海岛上还存在着早期垦荒遗留下来的耕作地，大部分已经荒废。在海岛上开山采石，有些无居民海岛因此受到了严重的破坏。

（4）无居民海岛开发存在的问题

无居民海岛的权属不清。根据《中华人民共和国宪法》第九条规定："矿藏、水流、森林、山岭、草原、荒地、滩涂等自然资源，都属于国家所有，即全民所有；由法律规定属于集体所有的森林和山岭、草原、荒地、滩涂除外。"海岛是国家领土的重要组成部分，无居民海岛亦属于自然资源，国家对管辖海域范围内的海岛拥有所有权。但是，迄今尚无专门的法律来对海岛的权属以及管理制度等做出明确的界定。《无居民海岛保护与利用管理规定》只是文件，当前的大部分无居民海岛的权属并不明确，国家所有权也有虚化的危险，擅自占用、出让以及出租海岛的现象还比较普遍。

由于协调管理的缺位，造成福建省无居民海岛的开发利用大部分处于无序以及无度的状态。沿海经济迅速发展的同时，特别是对一些资源比较丰富的海岛需求也在增加。各个行业在对海岛资源的开发与利用中相互竞争，但并没有进行有效的保护。这种开发只重视经济效益，在开发过程中严重超过了无居民海岛的生态承载力。在开发活动中也存在管理缺位以及多头管理的现象，管理分散、职责交叉、条块分割的现象在实际的工作中也经常发生。此外，开发者对海岛资源的保护意识淡薄，在经济利益的驱使下，出现了大量无度开发与资源浪费的现象。

过度以及无序的开发使无居民海岛的生态环境遭到了严重的破坏。开发并没有遵循《中华人民共和国海岛保护法（草案）》提出的"科学规划、保护优先、合理开发、永续利用"的原则，海岛的生态在开发过程中遭到很大的破坏。具体表现为海岛的水土流失、基岩裸露、景观破坏，海洋生物资源也遭到了严重的摧残，有些海岛上的生物资源几乎被破坏殆尽。

福建省的大多数海岛的岛礁断裂发育，风化强烈，缺乏对自然侵蚀的抵抗力。时常受台风的侵袭，许多岛礁的基岩因侵蚀而大量裸露，也出现了陡坡失稳与岛岸崩塌，导致岛屿的岸线后退，岛屿面积缩小。

1.2.2.4 广东省南三岛

（1）南三岛概况

南三岛是由十个小岛联成的一个大岛，联岛之前，这些小岛上的土地稀少贫瘠，岛上群众交通不便，至少要渡七次海才能到湛江。1953年至1958年间，南三岛人民修堤筑围，填海造田，将十个小岛连成了一个大岛。沧海桑田，迄今49.6千米的联岛堤围，捍卫着7.8万人、86个村庄、38.67平方千米耕地、18.67平方千米虾池，占了南三全岛的七至八成。南三岛濒临南海，这里天水相连，海滩宽阔平坦，沙质洁白，涛声喧哗，海浴者可以放松心情地畅游、冲浪、戏水。南三岛四周环海，海鲜种类较多，有鱼、虾、鱿鱼、蛤蜊、生蚝、鲍鱼、螃蟹等多种海鲜。其中，南三岛的虾最出名，出口到世界各地，出口美国的十只虾当中，就有一条或者两条来自南三岛。

目前，南三岛主要的植被为大面积的林地和耕地，林地主要由木麻黄、马尾松等组成岛东部的沿海防护林带；南三岛东部防护林带，作为生态廊道和隔离绿带维持生态系统的完整性，对维持东部生态安全至关重要。红树林作为陆地向海洋过渡的特殊森林生态系统，具有促淤保滩、防风消浪、净化海水和空气、固岸护堤等生态功能，是众多鸟类的栖息地，生态效益显著。大片成规模林地对于维持岛内生态系统的安全、稳定必不可少。耕地有水稻、香蕉和甘蔗田等，分布于岛屿中部，林地和耕地共同构成岛屿良好的生态基底。农耕地是满足人口和国民经济的必要保障，应作为重点保护生态要素严格保护。湿地是水陆生态系统的过渡地带，野生动植物资源众多，且生态净化作用强大，是一种重要的生态系统，具有不可替代的综合功能。南三岛的海滩包括沙质岸滩、礁石岸滩和泥质岸滩三种自然岸线类型。沙质岸滩分布于南三岛东部，长达 20 多千米；礁石岸滩位于西南部下地聚村附近海岸，泥质岸滩处于北部海岸和南部的海湾处，均为生物多样性保护的重要区域。

（2）南三岛区位特点

从自然区位上看，南三岛紧邻湛江主城区，可以很好地借助湛江市带动作用，为南三岛的旅游发展提供良好的支持；从经济区位上看，南三岛位于环北部湾经济圈，近几年环北部湾经济圈的快速发展，为南三岛的旅游开发提供了良好的外部环境；从旅游区位上看，南三岛位于粤港澳旅游区，是我国重要的旅游客源输出地之一，为南三岛的旅游提供了优良的客源。随着南三岛的交通条件不断优化，特别是茂湛高铁的建设以及南三桥的竣工，南三岛的区位交通优势日益明显，客源市场范围不断拓展。

在客源市场中所占比例最大的是省内游客，省内游客也是南三岛发展旅游业的市场基础。除省内客源，西南地区是重点营销的区域，游客比例相对较高，要加强对这一地区的旅游宣传和影响，进一步拓展南三岛在西南地区的知名度。与南三岛邻近的福建、湖南、海南、江西等省份也具有相当大的开发潜力。游客的职业以企事业管理人员为主，南三岛应加强商务旅游产品的开发，离退休人员和学生所占比例较小，要同时加强对这类群体的旅游开发力度。休闲度假和游览观光是游客的主要出游目的，游客消费潜力有待进一步提高，南三岛要进一步发展商务旅游，完善娱乐、购物等消费服务设施。

南三岛生态环境整体良好，其重点保护的生态资源有防护林带、基本农田、红树林、湿地、历史遗迹、水源涵养区等。南三岛适宜建设用地面积为 35.74 平方千米，南三岛地下水能解决 18.4 万人到 32.2 万人的饮水问题，生活用水以浅、中层地下水为主要水源，容易受到污染是供水主要存在的问题。

（3）南三岛旅游优势

南三岛共包含 8 个主类、19 个亚类、34 个基本类型、58 个旅游资源单体，与海相关的旅游资源规模大、数量多，在旅游资源中处于主体地位。避寒气候资源独具特色，是其冬休避寒旅游、休闲度假旅游的发展基础。人文历史旅游资源具有时代性、地方性。生态旅游资源、海洋旅游资源、地热温泉旅游资源、历史文化旅游资源、气候旅游资源等多资源并存分布，资源组合性好，为构建丰富旅游产品提供了优良的资源条件。

从整体上看，南三岛旅游资源集中分布在海岛背离陆地一侧的沿海地区，旅游资源主要集中在东部海岸、西南沿海和北部地区，呈现出"向海性"特征。从空间分布来看，南三岛旅游资源具有明显的"带集聚"分布特征，"带集聚"分布特征使整体旅游资源价值提高，包括东部海岸集聚带、西南沿海集聚带和北部沿海旅游带三大集聚带，带内资源存在共生性特点。南三岛冬日温暖，气候资源独具特色，形成了冬休避寒旅游、休闲度假旅游的发展基础。避寒疗养气候是一种特殊的旅游资源，它是人能感受到，却看不见摸不着的一种旅游资源。由于北方冬季气温急剧下降，低温会引起人类多方面的疾病，对于老年人尤为突出。因此，中高纬度地区生活的人群多会前往避寒旅游地进行旅游，来避免冬季季节病的危害。南三岛因为其独特的地理环境和低纬度特征，冬季气候舒适日数量最多，因而吸引了大量北方游客。

南三岛旅游目的地级别最高的资源类型是以岛屿、海洋景观、海滩、避寒气候、海洋农副产品、水生动物为主要内容的自然旅游资源，这也是南三岛旅游业发展的基础。极具地方特色的温泉、海洋文化、民俗文化、海岛城镇风貌、历史遗迹、民俗活动、休闲度假场所、娱乐设施等是其旅游资源的重要组成部分。南三岛自然旅游资源和人文旅游资源众多。东部长滩是宽200～300米的沙滩长廊，位于南三岛东部海岸，沙质幼嫩，洁白如银。沙滩之外就是中外闻名的广州湾和风景壮观的南海。"南海听涛"是湛江八景之一。最佳听涛点位于灯塔东部海滩，无风时，浪平如镜，波光粼粼；有风时，涛声阵阵，如雷贯耳。南三岛是白鸾等大群海鸟的觅食栖息地，故民间有"鸾洲岛"的美称。岛上难得一景是，在冬季经常能见白鸾等大群海鸟在岛南的红树林区栖息。另一海岛旅游的特色就是可乘坐游船前往观看海洋风光。除了自然资源，南三岛还有洗吴庙、龙女庙、南三灯塔、靖海宫等一大批人文旅游资源。广州湾靖海宫是吴川、遂溪两地人民"抗法斗争"的历史见证，是帮助游客准确理解广州湾租界这一历史的重要文物依据。冼吴庙、南三灯塔、龙女庙则是以妈祖文化为代表的海洋文化的重要组成部分，是海岛居民珍贵的历史遗迹。陈氏小宗祠堂是反清复明名将陈上川于清康熙二十九年（1690年）前后所建。祠堂具有岭南文化特色，是古代中国族人祭祀祖先的场所。南三岛宝贵的人文旅游资源还包括人龙舞、雷剧为代表的民间演艺。

1.2.2.5 三沙群岛

（1）三沙群岛概况

2012年，三沙市伴随海南省西沙群岛、南沙群岛、中沙群岛办事处撤销而设立，辖西沙群岛、中沙群岛、南沙群岛的岛礁及其海域，总面积200多万平方千米，其中陆地面积20多平方千米（含西南沙吹填陆地）。截至2015年，三沙市管辖4个行政管理区（工委、管委会）、10个社区，常住人口2 500余人（不含驻地军警），户籍人口448人。市政府驻地西沙永兴岛。

三沙市地处中国南海中南部，海南省南部，西沙群岛是三沙市位置最北的群岛，主体部分还分为永乐群岛与宣德群岛。中沙群岛位于西沙群岛东南部，多为环礁、暗沙，黄岩岛是唯一高潮时露出海面的。南沙群岛是三沙市位置最南、分布最广的群岛，主要分为东、南、西三群。总面积200多万平方千米（含海域面积），陆地面积约13平方千米（不含吹填新增陆地），其中西沙群岛约10平方千米，南沙群岛约3平方千米，中沙群岛没有陆地。

三沙市与马尔代夫、夏威夷、坎昆同处热带地区，具备同类型的资源。三沙旅游的开发，弥补了我国热带群岛度假的空缺，将逐步形成"北—中—南"风格各异的海岛旅游新格局。

（2）三沙群岛优势与不足

三沙市是我国唯一的热带群岛城市，对内陆及严寒地区游客有巨大吸引力。多数岛屿至今尚未对大众开放，岛上人口稀少、无工业，环境没有受到任何污染，依然保持着原始风貌。一年四季气候适宜、植被茂盛，空气质量极佳。海岛上白沙如银、植被丰富、鸟语林间，完美体现了自然风景，是中外游客回归大自然、享受大自然的理想选择。2005年，《中国国家地理》评选出的"十大最美海岛"，西沙群岛和南沙群岛名列前茅。三沙市拥有热带海岛所特的阳光、海水、沙滩。全年降水量充沛，平均气温

27 ℃，长夏无冬。海水温度适宜、透明度高，一年四季适合开展游泳、潜水等海岸和海上旅游活动。每年的 11 月至次年 4 月，是三沙旅游的最佳时间。而国内的其他海岛旅游目的地，只有在夏季（6~9 月）才是旅游的黄金季节。

三沙市资源丰富。岛上林木茂盛、海鸟众多，市政府所在地永兴岛和七连屿之一的赵述岛有"树岛"之称，每天早晚仿佛白云一般的白鲣鸟在东岛并行飞过，十分壮观，鸟语林间充分显示出三沙市生态型海岛的特色。海水颜色五彩纷呈，变幻莫测，充分体现了海洋的神秘与壮丽。丰富的海洋生物资源，三沙群岛有"世界天然珊瑚宝库"之称。三沙市盛产鱼类、海龟、参胆、龙虾、藻类、贝类等热带海洋生物，有着广泛的用途，可带来巨大的经济收益。三沙市海域的海底储藏着丰富的油气资源以及各种矿产资源，三沙市海底资源有着广阔的开发前景和巨大经济价值。

三沙市人文资源独特。三沙市海洋文化历史悠久，西沙和南沙的多个岛屿上的古庙遗址出土的大量古代的瓷器等文物，是我国人民开发三沙的历史见证。海上丝绸之路的沉船出水的大量文物，显示出古代海上丝绸之路繁华贸易经商往来，有利于我们了解古代社会经济发展。永兴岛上大量的纪念碑和将军林记载着三沙市的发展历程，三沙市的文物遗址和纪念碑是我国对南海行使主权管辖的象征。

三沙市海岛旅游业也存在着以下不足：生态环境脆弱，每年的 6~11 月为台风频发期，台风导致的高密度的降水将会影响旅游活动，岛上的生物环境若遭到破坏将很难恢复。海洋鱼类、龟参螺贝等高经济价值生物的过度捕捞，西沙群岛的珊瑚礁受到长棘海星的严重破坏，渚碧礁海域的珊瑚死亡率极高，生态系统的平衡一旦打破将很难恢复；保障条件有限，除了西沙群中的高尖石为火山外，其余全都是珊瑚岛礁，淡水资源和生活资料比较缺乏，而居民生活所需食物和日常用品都要从海南省其他城市运来，大部分岛上缺乏必备的生活基础设施，较小的海岛面积造成了生态环境容量小，无法容纳较多的游客，限制了海岛旅游发展；基础设施滞后，只有政府驻地西沙永兴岛有配套的居民生产、生活、服务设施，交通补给不便，不利于城市的整体发展；社会经济薄弱，由于其特殊地理位置，是我国海疆边防的重点，重视的是军事管理，虽然近年三沙市的经济有了较快发展，但仍然以海洋渔业为主，相比其他海岛城市，三沙市经济发展缓慢。

（3）三沙群岛的开发

三沙市的旅游开发可以从以下几个方面定位：建立生态保护区，原始生态旅游是三沙旅游市场竞争力的独特卖点，着重建立各种生态保护区，划分出生态重保护区、生态资源恢复和适度开发保护区，构建生态保护体系；建立国防教育基地，南海自古就是我国的领土，这里留下了众多抵御外国侵略的生活遗迹和抗战遗址，应充分挖掘三沙市历史文化，建立历史博物馆和南海国防教育基地，增强广大游客的爱国精神和国防观念，在旅游中开展国防教育，维护主权；建立渔业保护基地，西、中、南群岛海域是我国重要渔场，有多种热带鱼类以及海龟、参胆龙虾藻贝等海洋生物，应建立西沙群岛渔业保护基地，开展海洋生态养殖业，合理补充渔业资源，创建品牌模式；建立国家海洋公园，三沙市的海域内有着大量海洋生物资源和珍奇物种，有国家二级保护动物海龟、砗磲、麂斑贝等，珊瑚、热带鱼具有很高的观赏价值，建立国家海洋公园可以实现资源环境与海岛建设的协调发展。

三沙市海岛旅游开发模式包含如下几个方面。

第一，科学合理规划是基础。三沙市海岛基本尚未开发，三沙市远离内陆，具有风险高、投资大、收益周期长的特点。因此，三沙市海岛旅游开发应强调科学合理规划，科学合理的旅游规划是进行三沙市海岛旅游开发的基础。首先要有完整规划，要根据各个岛的旅游资源特点，确定其主要开发侧重点，处理好旅游开发与环境保护之间的关系，保证开发科学合理进行。政府部门不论是在前期的开发规划中，还是在后期管理中都起着重要作用。由政府做出详细科学的规划，并建设交通、通信等旅游基础设施。应制定严格规范的制度，以保护海岛生态环境，规范开发行为，保证三沙市旅游业的可持续发展。

第二，适度开发保护生态。首先，要保护好原始环境，坚持生态保护，避免在开发建设中对海岛原有的地形和植被造成破坏。建设与周围环境相协调的旅游设施，保持海岛的自然风格。其次，适度开发，控制海岛的游客容量。三沙市虽然拥有众多岛屿，但多数岛屿的面积较小，最大的永兴岛也只有 2.1 平方千米，过小的海岛面积限制了旅游活动空间。因此，应从海、陆、空三方面对海岛进行全立体开发，以增大旅游空间。适度开展海上旅游项目，采用游艇、邮轮作为饭店和交通工具，乘坐邮轮交通岛上游，让旅客在船上吃住，减少三沙市的环境容量压力，对于生态环境脆弱，基础设施不完善的三沙旅游来说，豪华邮轮观光旅游无疑是最适合的，不仅能解决因基础设施不完善带来不便的问题，又能更好地保护生态环境，不给脆弱的海岛环境增加太多的负担。"椰香公主"邮轮已经进行试运行，等各方面条件成熟，三沙市就可以引入更豪华高端的邮轮。还可以开展空中旅游项目，使游客乘坐直升机观赏三沙市美丽的海岛。通过对海、空的开发，极大增加了海岛旅游活动的空间，最大限度地保护了生态环境，促进了经济效益和环境效益的协调发展。

第三，发掘各岛特色。充分挖掘三沙市各个海岛的资源环境特色和历史文化内涵，促进各海岛间的优势互补，协调发展。并不是三沙市所有的海岛都适合开发，现在西沙群岛的永兴岛、石岛、东岛、七连屿、赵述岛、甘泉岛等岛礁具有开发条件，而中沙群岛和南沙群岛暂时还不适合开放开发。西沙群岛的旅游资源与马尔代夫相似，因而在旅游开发中可以借鉴马尔代夫"四个一"和"三高一低"等成功的开发模式，开发特色的旅游产品，打造品牌营销，建设独具特色的中国热带旅游海岛。

第四，开发体育赛事旅游。三沙市具有优美奇绝的自然环境，地处辽阔深海海域，特别适合开发休闲体育旅游。开发探险猎奇型挑战性旅游项目以及各种海上活动项目。可以开发普通大众都能参与的海上娱乐项目，如潜水、摩托艇、水上拖曳伞、海上漂流和游泳比赛等；针对具有海上运动基础的游客，开发冲浪、赛艇、帆船和帆板等项目；对于热衷探险的游客可开发如荒岛野外生存、攀岩和深海探险等比较刺激的旅游项目。将这些体育运动和三沙海岛旅游结合起来，必将吸引越来越多热爱运动的游客前来旅游。选择顺应时代的潮流主题，举办相应的赛事，不仅能够促进宣传，增加客流量，而且可以有效消除海岛旅游淡旺季。通过举办多种节庆赛事，吸引世界游客的目光，打响三沙市旅游特色品牌。

第2章 海岛旅游标准与法律基础

2.1 海岛旅游标准

作为我国在统一旅游立法方面的首次实践,《中华人民共和国旅游法》于2013年4月25日由十二届全国人大常委会第二次会议通过。

在法律层级上,除了《中华人民共和国旅游法》和《中华人民共和国消费者权益保护法》之外,我国规范旅游活动的法律主要集中在行政法规、部门规章和相关司法解释方面。规范旅游者的有《中华人民共和国出境入境管理法》《中华人民共和国护照法》《中国公民出国旅游管理办法》等;规范旅行社旅游经营活动的有《旅行社条例》《旅行社条例实施细则》《旅行社责任保险管理办法》《边境旅游暂行管理办法》等;规范导游和领队旅游活动的有《导游人员管理条例》《出境旅游领队人员管理办法》《大陆居民赴台湾地区旅游领队人员管理办法》等;规范旅游安全的有《旅游安全管理暂行办法》《旅游安全管理暂行办法实施细则》等;规范旅游纠纷处理的有《旅游投诉处理办法》《最高人民法院关于执行旅行社质量保证金问题的通知》等。

此外,现行有效调整旅游活动的一般性法律还包括《中华人民共和国合同法》《中华人民共和国环境保护法》《中华人民共和国公司法》《中华人民共和国刑法》等。

2.1.1 旅游标准

根据国家标准(GB/T3935.1-1996)的规定,标准是为在一定范围内获得最佳秩序,对活动或其结果规定共同和重复使用的规则、导则或特性的文件,该文件经过协商一致制定并经一个公认机构的批准。

我国学术界对旅游标准的研究尚处于起步阶段,并没有对旅游标准做一个统一的、权威的定义，仅有少数的学者从各自研究领域、研究方向对旅游标准做的界定。陈银龙 2006 年在《浅谈我国旅游标准化》一文中认为旅游标准化是对旅游行业的生产、经营、服务、管理等活动的重复性事物和概念，通过制定标准，贯彻实施标准和对标准实施情况进行监督检查，以求得全行业的最佳秩序和经济社会效益，促进全行业高效、健康、有效的发展。安应民 2009 在《关于加快旅游标准化建设的思考》一文中认为旅游标准作为标准体系中的一个分支，与其他标准相比较，只是标准制定的对象不同，即旅游标准针对的是旅游经营者、旅游活动管理部门与监督部门共同使用的规范文件；旅游标准化则是一种动态的过程，它包括标准起草、意见征求、审查与实施发表。

2.1.2 海岛旅游标准界定及特征

按照旅游标准制定的目的，我们可以把海岛旅游标准理解为：为保护好海岛脆弱的自然与人文生态环境，协调好海岛社区居民、海岛旅游开发商与旅游经营者之间的利益，促进海岛旅游规范健康发展所制定的一系列的标准或者规范。海岛旅游标准的制定应是根据海岛旅游开发与环境保护的需要，由当地政府部门委托具有标准制定资质的相关科研机构及部门，在对海岛进行充分调研以及科学论证的基础上制定的相关的标准或者规范。在标准或者规范制定过程中，应征询当地的旅游企业、政府部门及海岛社区居民的意见，标准制定后应通过相应的专家论证及政府部门的验收后发布实施。海岛旅游标准一方面可使当地政府部门、旅游企业与海岛社区更好地加强旅游管理的水平，减少旅游活动对海岛环境造成的负面影响；另一方面能够唤起旅游者对其自身旅游活动和消费行为的审视。

海岛旅游标准同现有的旅游标准主要区别在于：

（1）海岛旅游标准不同于一般的旅游标准或者规范，海岛旅游标准的制定涉及海岛旅游资源规划与调查、经营服务、基础与旅游设施的建设、环境卫生、饮食住宿、生态环境监测与保护等一系列标准与规范，这些标准和规范构成海岛旅游标准的主体。

（2）海岛生态系统是海岛旅游发展的重要基础，海岛旅游标准的制定要保护海岛独特的生态系统。特色地理位置与气候条件形成海岛独特的生态系统，海岛独特的生态系统是海岛进行旅游开发、发展的优势，然而由于大部分海岛陆域面积小，海岛分布相对比较分散，封闭属性又使海岛生态系统构成较为单一，稳定性差，易受到外界的干扰而遭到破坏，为实现海岛旅游的可持续发展，海岛旅游标准应更注重保护海岛独特生态环境不因旅游的开发而遭到破坏、退化。

（3）海岛旅游设施与海岛服务是海岛旅游标准重要组成部分，区别于内陆发展成熟的旅游目的地，由于海岛与内陆之间的交通限制，海岛面积的有限性与海岛生态系统的脆弱性等原因造成海岛旅游地基础设施、服务设施建设成本高，难度大，大部分海岛地区旅游设施的建设滞后于海岛旅游的发展，部分海岛旅游接待设施是由渔家进行改装而来，造成海岛旅游接待设施环境卫生条件相对较差，旅游服务水平与内陆相比差距较大。为保证海岛旅游质量，海岛旅游标准必须对海岛旅游设施、海岛旅游服务等方面做出明确规定，保证海岛旅游发展的质量。

（4）海岛旅游安全是海岛旅游标准规范的重点。海岛由于基础设施、旅游服务、设施建设相对落后，加之与内陆的交通条件相对不便，交通方式单一，而且受天气的影响较大等原因造成海岛内的医疗卫生条件相对较差，与内陆旅游相比，海岛在维护游客的安全方面受到更为严峻的挑战。相对于内陆，海岛旅游标准应对旅游安全等方面提出更明确、更高的要求。

（5）海岛旅游标准相比与内陆旅游标准，更注重保护海岛本身的完整性，保护海岛天然海岸基线，避免因不正当旅游开发而使国家领海基点遭到破坏，海岛旅游标准要维护好国家领土完整与海洋权益。

2.1.3 国家标准体系

自1987年我国颁布首个星级饭店评估标准——《旅游饭店星级的划分与评定》，标志着我国旅游标准化建设的开始。1998年，国务院的"三定"方案中赋予国家旅游局拟定各类旅游景区景点、各类旅游度假区、旅行社、旅游车船和特种旅游项目的设施标准和服务并组织实施，制定旅游从业人员职业资格标准和等级标准并指导实施的职能。2000年11月，国家旅游局颁布实施了《旅游标准化工作管理暂行办法》与《旅游业标准体系表》，使我国旅游业标准在内容和范围上形成体系，构筑了以旅游业诸要素为基础的旅游标准体系框架，为旅游业进一步发展建立了科学、规范的支撑，是今后旅游标准化工作开展的重要依据。截止到2007年，我国已经颁布了16

项旅游标准，其中，国家标准 11 项，行业标准 5 项，是世界上制定和颁布旅游标准最多的国家。2008 年，制定和修订的 21 项国家标准和 7 项行业标准，使旅游标准项目覆盖到旅游各要素。

2.1.3.1 基础标准

已经实施的：

△ GB/T16766 旅游服务基础术语

△ GB/T10001.1 标志用公共信息图形符号第 1 部分：通用符号

△ GB/T10001.2 标志用公共信息图形符号第 2 部分：旅游休闲符号

△ GB/T18971 旅游规划通则

已经立项：

□ 旅游电子商务技术规范

□ 旅游饭店计算机管理系统技术规范

□ 导游 IC 卡技术规范

2.1.3.2 设施标准

已经实施：

△ GB/T14308 旅游饭店星级的划分与评定

△ GB/T15731 内河旅游船星级的划分与评定

△ GB/T18973 旅游厕所质量等级划分与评定

△ GB/T16767 游乐园（场）安全服务规范

已经立项：

□ 旅游餐馆设施与服务规范

□ 旅游公寓（别墅）星级划分与评定与服务规范

□ 旅游船设施与服务规范

□ 旅游汽车设施与服务规范

□ 国家旅游度假区

□ 国家生态旅游区

□ 旅游滑雪场设施与服务规范

□ 旅游咨询中心设施与服务规范

□ 旅游索道设施安全

□ 旅游娱乐场所基础设施管理及服务规范

□ 旅游购物场所设施与服务规范

地方使用准备立项的：

☆旅游团队用餐质量标准

☆旅游度假设施

☆海上邮轮等级评定

☆旅行社组团动作规范

☆旅游标准化导则

2.1.3.3 方法标准

已经实施：

△ GB/T18972 旅游资源分类、调查与评价

△ LB/T003 星级饭店客房用品质量与配备要求

准备立项：

☆旅游饭店计算机管理系统建设规范

☆青年旅游网络建设规范

☆分时度假操作规范

2.1.3.4 服务标准

已经实施：

△ LB/T002 旅游汽车服务质量

△ GB/T15971 导游服务质量

△ GB/T1775 旅游业质量等级的划分与评定

△ LB/T004 旅行社国内旅游服务质量要求

△ LB/T005 旅行社出境旅游服务质量

已经立项：

□旅行社资质等级的划分与评定

□旅行社入境旅游服务质量

□旅行社门市服务质量规范

□饭店服务质量标准

□旅游汽车服务质量

准备立项：

☆旅游汽车资产等级的划分与评定

☆旅游船服务质量

☆旅游游览点讲解服务质量规范

2.1.3.5 产品标准
准备立项：
☆旅游商品质量标准
☆专项旅游产品
☆生态旅游产品
☆农业旅游产品
☆工业旅游产品
☆修学旅游产品
☆特种旅游产品

注：其中△表示已经颁布实施的标准；□表示已立项单位发布的标准；☆表示拟定的标准。

2.1.4 海岛综合旅游标准

海岛综合旅游标准要求能够涵盖海岛旅游发展的各个方面，从资源调查评价、海岛旅游经营、基础设施与旅游服务设施、海岛生态环境、旅游服务、海岛安全、卫生、海岛社区居民参与与培训、海岛旅游认定与检查等方面，对海岛旅游发展的开发及管理过程进行监测，保障海岛旅游发展的质量。海岛旅游标准体系不仅包括已经颁布实施的法律、法规、标准与规范，还包括正在立项与未来制定的相关的法律、法规、标准与规范。海岛综合旅游标准涵盖国家标准、地方标准、行业标准与企业标准。

2.1.4.1 法律依据
《中华人民共和国海岛保护法》
《中华人民共和国海洋环境保护法》
《无居民海岛保护和利用指导意见》
《中华人民共和国海域使用管理法》
《中华人民共和国海上交通安全法》
《中华人民共和国渔业法》
国家或者相关部门未来制定的相关的法律法规标准构建体系

2.1.4.2 标准构成
GB/T18190 海洋学术语 海洋地质学
GB/T18971 旅游规划通则

GB/T10001.1 标志用公共信息图形符号第 1 部分：通用符号

GB5749 生活饮用水卫生标准

GB/T16868 商品经营服务质量管理规范

GB19085 商业、服务业经营场所传染性疾病预防措施

GB8978 污水综合排放标准

GB3097 海水水质标准

GB3095 环境空气质量标准

GB3096 声环境质量标准

GB2894 安全标志及其使用导则

GB16889 生活垃圾填埋场污染控制标准及未来制定的相关标准

GB/T10001.2 标志用公共信息图形符号第 2 部分：旅游休闲符号

GB/T18973 旅游厕所质量等级的划分与评定

GB16153 饭馆（餐厅）卫生标准

GB14943 食（饮）具消毒卫生标准

GB9663 旅店业卫生标准

GB2760 食品添加剂使用卫生标准

GB/T16767 游乐园（场）服务质量

GB/T14308 旅游饭店星级的划分与评定

行业实施的旅游标准及未来制定的相关旅游标准

（1）通用标准

作为标准体系表第一层次，这类标准或者规范不仅适用于海岛旅游标准的制定，同时也适用于其他类型旅游标准的制定，这一部分包括标志用公共信息图形符号标准、生活饮用水卫生标准、污水综合排放标准、食品添加剂使用卫生标准、海水水质标准、环境空气质量标准、声环境质量标准、安全标准及使用导则、生活垃圾填埋场污染控制标准与生活垃圾焚烧污染控制标准等，这一层次标准和规范对海岛其他层次的标准制定均有指导和制约作用，由国家相关部门进行制定，这一层次的标准具有强制性。

（2）基础旅游标准

作为标准体系表第二层次，这类标准是与旅游经营管理、饮食、安全、卫生与服务质量、设施设备建设、景区规划等有关的标准或者规范，如住宿业卫生规范、旅游厕所质量等级的划分与评定、餐馆卫生标准、食（饮）

具消毒卫生标准、导游服务质量标准、旅店业卫生标准、住宿业经营服务质量要求、商品经营服务、质量管理规范等，海岛旅游标准制定涉及的相关标准条款，需要全文引用，达到相应的标准条款要求。这类标准一般由旅游主管部门制定，遵守上位标准并指导下位标准，这类标准同样具有强制性要求。

（3）海岛旅游技术标准

作为标准体系表第三层次，这类标准是依据海岛本土特色、旅游发展阶段、发展目标而制定的标准条款，属于标准中的实体内容部分，这类标准条款大多具有推荐性的性质，需遵循上位标准的要求，属于在满足基本旅游要求基础上为更好地发展海岛旅游业，满足旅游者更高层次上的需求，如对海岛建筑整体风格、内饰装修上的要求等。

2.1.5 海岛旅游标准规范内容

海岛标准制定涉及以下几方面的内容：海岛旅游开发总则、海岛旅游资源调查，包括海岛自然旅游资源与海岛人文旅游资源；海岛基础及旅游服务设施建设及布局的要求；海岛经营管理的要求，要求海岛旅游经营者诚信、依法经营，旅游商品的质量应达到相应标准规定的要求；海岛生态环境的管理，包括对海岛淡水资源、海水水质、大气、噪音、生物等资源管理及检测，减少海岛旅游开发生态环境造成的破坏；海岛服务，包括旅游信息服务、住宿、购物服务、交通以及投诉处理服务等；旅游卫生及安全方面的要求以及对旅游从业人员培训的要求；海岛旅游质量的认定、发展评估与检查。

2.1.5.1 保护人员生命及财产安全

（1）鼓励单位和个人对海岛及其资源进行有序、有度、有偿的合理开发，并保障其合法权益。

（2）单位和个人利用无居民海岛，应当向县级以上海洋行政主管部门提出申请，并依法提交相关的申请材料。

（3）炸岛或者国家重大建设项目用岛，或者涉及国家权益和国防安全的项目用岛，应由国务院批准；岛上进行矿石开采，或者涉及海岛整体利用，改变海岛自然形态的，由省、自治区、直辖市人民政府批准；其他项目用岛，由地市级以上人民政府批准。

2.1.5.2 无居民海岛保护

（1）无居民海岛开发、利用应坚持保护第一的原则，无居民海岛开发应保护海岛及周围海域的生态环境。

（2）对领海基点所在海岛与纳入国家海岛保护名录的海岛及其周围海域，禁止开展与保护目的不一致的开发利用活动，维护国家领土与海洋权益。

（3）重要海岛及其周围海域的生态环境遭到破坏的，应由相关部门拟定海岛整体整治方案，报有关人民政府批准后实施。

（4）海岛行政归属、海岛名称的命名和变更等，依据法定程序报批后，组织实施命名、变更，海岛名称不得随意命名、变更。

2.2 海岛旅游法律基础

2.2.1 我国无居民海岛有偿使用法律制度的发展

有居民海岛地区，实行与内陆相同的政策，所以本书在海岛旅游的法律基础中，主要是针对无居民海岛。我国无居民海岛有偿使用法律制度的发展经历了一个相当长的历史过程。大致说来有以下三个时期。

2.2.1.1 "资源有偿使用"原则的提出

我国对于资源有偿使用的探讨起始于1992年里约环境与发展大会。大会结束后，我国政府就环境保护相关工作召开了专门会议，会议提出了明确的要求："各级政府应更好地运用经济手段来达到环境保护的目的，按照资源有偿使用的原则，逐步开征资源利用补偿费，并开展征收环境税的研究。研究并试行把自然资源和环境纳入国民经济活动核算体系，使市场准确地反映经济活动造成的环境代价。"这是我国政府较早在正式场合明确提出"资源有偿使用原则"。此后，我国有关资源保护方面的法律都确定了资源有偿使用原则。例如，《土地管理法》第二条第四款规定："国家依法实行国有土地有偿使用制度。"《矿产资源法》第五条规定："国家实行探矿权、采矿权有偿取得的制度。"2002年12月修改的《草原法》第三十九条规定："因建设征用或者使用草原的，应当缴纳草原植被恢复费。"1996年8月3

日颁布的《国务院关于环境保护若干问题的决定》主要是为解决资源利用与环境保护之间的矛盾提出的，其中关于资源的使用问题提出了明确要求，要求国务院相关部门要尽快建立和完善与自然资源有关的有偿使用制度和恢复生态环境的经济补偿机制。这些资源类有偿使用法律制度的出台为无居民海岛有偿使用法律制度建立提供了参考和借鉴。

2.2.1.2 行政立法的逐步推进

无居民海岛有偿使用法律制度的发展是一个逐步推进的过程，这个过程可以分为几个时期，每个时期呈现出鲜明的时代特点。

（1）无法可依时期

新中国成立之后相当长的一段时间内，我国无居民海岛使用的相关法律制度建设同其他领域一样，经历了很长时间的迟滞。这一方面是出于军事、政治方面的考虑，另一方面也是因为经济发展以及建设能力有限。无居民海岛在相当一段时间内不是由中央统一管理，而是归属于部队以及地方政府，其用途主要是用于国防和海洋渔业捕捞，重点是进行防卫管理，此时无居民海岛缺乏统一的法律制度进行规划管理，处于无法可依时期。

（2）萌芽期

经过几十年的发展，我国经济和社会发展都有了巨大的进步。随着经济的高速发展，无居民海岛在现代化建设中的作用日益突出，国家对无居民海岛更加关注和重视。政府开始从宏观视角以及公共利益角度出发，对无居民海岛的资源进行合理开发与统筹规划，同时严格保护无居民海岛以及周边的珍稀动植物，防范人为侵占与破坏行为，进而实现无居民海岛资源的持续开发使用。与无居民海岛相关的各种问题，如无居民海岛的性质、权属、保护以及使用等问题，逐渐从《中华人民共和国宪法》《中华人民共和国土地管理法》《中华人民共和国领海及毗连区法》以及《中华人民共和国海洋环境保护法》等法律的条文中找到依据。其中，在《中华人民共和国领海及毗连区法》中对于我国陆地领土由哪些地域构成做出了明确规定，确定我国的陆地领土由以下四部分组成：一是大陆及其沿海岛屿；二是台湾及其包括钓鱼岛在内的附属各岛、澎湖列岛；三是东沙、西沙、中沙、南沙群岛；四是其他属于中华人民共和国的岛屿。这些岛屿中绝大多数都是无居民海岛或者礁滩。在《中华人民共和国海洋环境保护法》中明确指出，在开发使用无居民海岛的同时，还需要做好相关的生态环境保护工作。

《中华人民共和国海洋环境保护法》出台的主要目的是为了解决20世纪90年代在海岛开发过程中出现的开发无序、管理混乱以及环境破坏严重等问题。《中华人民共和国海洋环境保护法》中明确规定，授权国务院以及沿海地方政府权力，采取措施保护珊瑚岛礁生态区以及湿地滩涂等，从而维持海洋环境的生态系统平衡，并通过修复、整治以及建立自然保护区等措施来限制开发活动对海岛生态平衡的破坏。

通过以上论述可以看出，《中华人民共和国领海及毗连区法》只是明确了无居民海岛是我国领土的重要组成部分。《中华人民共和国海洋环境保护法》中也缺乏关于无居民海岛使用方面的专门规定，这就导致有关部门在审批管理无居民海岛方面缺乏统一原则和依据。为了管理和保护好无居民海岛，只能是将无居民海岛上的各种自然资源进行分割，然后各自寻找独立的法律法规依据和主管部门，如土地归国土部门管理，地面附着的树林等植被归农林部门，生态环境发展归环保部门等。这种管理模式属于分散管理的方式，操作过程中存在诸多问题，最主要的问题就是造成了自然资源的多头管理，部门之间权责交叉，相同管理内容由多个部门共同管理。如果权责交叉的管理部门在同一管理问题上缺乏沟通或者沟通不一致，就会导致资源在使用过程中难以达到统筹协调，这无形当中为无居民海岛开发使用制造了诸多人为的问题，为其合理开发使用制造了障碍。这时比无法可依时期在法律制定层面已经有了巨大的进步，在诸多法律中已经有了尝试，属于萌芽期。

（3）发展期

经过多年的发展和探讨研究，我国政府对如何做好无居民海岛相关工作有了一定的认识和经验。在经过多方调研和论证的基础上，于2003年和2009年出台了两部法律法规：《无居民海岛保护与利用管理规定》和《中华人民共和国海岛保护法》。这两部法律法规的颁布实施，是无居民海岛有偿使用法律制度发展历程中两个非常关键的转折点，实现了两个转变：一是实现了从分散式立法管理向单行立法管理的转变；二是实现了由低层级法律规章向人大立法专章的转变。

2003年，国家海洋局、总参谋部、民政部三部门结合有关法律，联合发布规章，制定出台了《无居民海岛保护与利用管理规定》（以下简称《规定》）。《规定》的出台标志着我国在无居民海岛使用法律制度建设方面由分散式向单行式的转变，为我国无居民海岛合理合法的开发使用提供了法律支持。出台这个《规定》目的主要是为了对无居民海岛的开发使用工作进行有机的协调和规范，进一步加强无居民海岛的管理，更好地保护无居民海岛上的生态环境，更好地维护好国家海洋权益和国防安全，进而促进无居民海岛的合理开发使用。该《规定》囊括了无居民海岛的功能区域划分、规划制度、环境保护、使用申请与审批、生态修复以及违反法律法规的追责问题等各个方面，为无居民海岛的合理开发使用提供了全面的法律依据。在无居民海岛使用方面，各沿海省市为了让使用制度得到更好的贯彻落实，以适应地方具体情况与操作实践，以地方法规的形式制定相关文件，为行政区内的无居民海岛保护、使用、出让、审批以及管理工作提供依据，这是我国无居民海岛使用法律制度沿革过程中的巨大进步。虽然在相关的配套实施细则以及监管落实等方面仍然存在一些问题，有些问题仍待进一步解决，但相对于维护海洋权益以及执法护岛，从而实现对无居民海岛的可持续使用方面的立法需求来说，已然取得了显著的进步。

2009年，我国颁布了与无居民海岛相关的一部重要法律，即《中华人民共和国海岛保护法》。此法由第十一届全国人民代表大会常务委员会第十二次会议审议通过，于2010年3月开始实施，这是我国无居民海岛有偿使用法律制度演进的又一重要转折点。2003年制定实施的《无居民海岛保护与利用管理规定》在具体的实践过程中，为我国海岛保护法的制定积累了一定的经验，同时结合监管工作中出现的新问题，相关责任部门经过反复修改讨论后出台了《中华人民共和国海岛保护法》。在《中华人民共和国海岛保护法》中，专门对无居民海岛的使用保护工作予以指导性规定，其中对于无居民海岛的有偿使用、规划审批、主管部门以及污染防治等关键问题和关键环节做出了非常明确清晰的规定，在我国无居民海岛有偿使用方面有着里程碑的意义。《中华人民共和国海岛保护法》的实施，宣告我国海岛开发中"无序、无度、无偿"局面的结束。在《中华人民共和国海岛保护法》中，无居民海岛有偿使用法律制度作为一项重要的使用法律制度，第一次以法律的形式予以确立。《中华人民共和国海岛保护法》规定的法条规范，一方面能够满足巩固海权的政治需要，另一方面也为专门的无居民海岛有偿使用专项立法提供方向性指导。由于我国的无居民海岛在政治军事、经济、社会、生态和科研等方面有重要的战略价值，我国无居民海岛有偿使用方面的法律制度建设必将会更加完善深入，最终完成无居民海岛有偿使用法律制度的体系建设。经过三个时期的发展，我国无居民海岛有偿使用法律制度建设已经趋于成熟。

2010年，根据《中华人民共和国海岛保护法》和《中华人民共和国预算法》等法律规定，财政部和国家海洋局联合下发了《无居民海岛使用金征收使用管理办法》（以下简称《办法》），第一次对无居民海岛有偿使用情况进行了规定。《办法》对无居民海岛有偿使用金的征收范围、征收方式、征收额度、免缴情况、用途及监督等进行了细致明确的规定。至此，直接涉及无居民海岛有偿使用问题的法律法规有两部，分别是《中华人民共和国海岛保护法》和《无居民海岛使用金征收使用管理办法》。《中华人民共和国海岛保护法》规定，"国家对无居民海岛实行有偿使用制度"，这是国家以法律形式对无居民海岛有偿使用提出的明确要求。《办法》则是就无居民海岛有偿使用具体操作细节进行了规范，是无居民海岛有偿使用工作的具体指导性文件，是无居民海岛有偿使用的核心法律制度。两部法律相辅相成，共同为我国无居民海岛有偿使用提供了法律保障。

2.2.1.3 行政管理机构的变化

2008年以前，国家海洋局没有专门负责海岛事务的机构，与海岛相关的一切事务都是由海域管理司负责。直到2008年，国家海洋局将海域管理司更名为海域与海岛管理司，并且成立专门的海岛管理处，主要负责与海岛相关的各种政策、规划和制度建设。在海岛管理处的众多职责中，与无居民海岛相关的主要是负责无居民海岛使用权的出让、登记和使用金的征收等一系列工作。从管理机构的变化也不难看出，国家对无居民海岛的重视，这也从另一个侧面为无居民海岛有偿使用法律制度的建立提供了组织保障。近些年，国家更是大力治理旅游带来的污染问题，并且通过立法划定自然保护区或者国家公园，从而保护珊瑚礁的生态系统，确保在无居民海岛有偿使用的过程中实现开发利用与自然环境的和谐。

澳大利亚国内的无居民海岛资源非常丰富，多个岛群分布在大陆周邻的各个海域，因而在有偿使用法律制度方面，采取一部法律管理特定岛群或者单个海岛的方式，在管理方面采用强调集体决策委员会制，同时还十分注重第三方监督的民间组织以及环保基金对无居民海岛资源有偿使用过程中的监督保护作用。

日、韩无居民海岛有偿使用法律制度。日本、韩国和我国是一衣带水的邻国，与我国的无居民海岛在植被、气候以及海况等方面比较类似，并且都存在着人地矛盾尖锐的问题，因而需要开发海洋经济、获取能源。日本、韩国在无居民海岛方面的有偿使用法律制度可以为我国提供参考借鉴。日本是一个典型海岛国家，其地貌非常特殊，国土面积狭窄，并且多山少田，这就决定了海洋在日本的食品以及资源供给等领域占据了非常重要的地位，海苔、鱼生成为其特色的文化标签。基于这些原因，日本对无居民海岛的开发利用以及保护非常重视，在制度管理方面领先于亚洲各国。日本在对无居民海岛的有偿使用法律制度建设方面，既颁布概括性调整类的法律，也有针对性地颁布调整特定岛屿的法律，同时政府负责推行振兴开发无居民海岛的活动。从区域划定以及制订计划再到组织实施，在这个过程当中，政府均发挥着不可替代的引导作用。现存的无居民海岛大多数是因为面积极小、交通不便或者生态脆弱而被规划为公园或者自然保护区，其余海岛大都得到有效开发。韩国在无居民海岛的开发与保护方面与日本存在着比较多的共同之处，同样以充分使用海洋以及海岛资源的价值为原则而通过单行立法的模式进行管理，先后颁布了《岛屿开发促进条例》以及《国家岛屿发展规划》等法律，用来指导韩国海域内无居民海岛的有偿使用。1996年，韩国政府为了更好的管理无居民海岛，因此进行了较大规模的改革，将政府部门、执法力量以及行政规程进行了大规模的改组撤并，组建成立海洋水产部，负责管理国内与海洋、海岛以及海事有关的各项工作，强有力的行政管理部门确保了海岛管理工作的顺利进行，无居民海岛的有偿使用法律制度也随之完善。

2.2.2 我国对无人岛的国外法律的借鉴

通过对上述几个国家在无居民海岛有偿使用法律制度方面的介绍，能够为我国无居民海岛有偿使用法律制度的建立完善提供借鉴和启示，具体表现在以下几个方面。

第一，目前，各个国家在无居民海岛有偿使用法律制度的建设方面，虽然在具体的侧重内容方面存在差异，但公共利益以及环境保护等方面都被视作无居民海岛开发使用过程中需要优先考虑的内容。各个国家都高度重视无居民海岛在领土主权、环境保护、生态物种、军事国防以及科学研究等方面的战略价值，相对应的是，无居民海岛具备的经济价值居于次要的地位。所以，在无居民海岛有偿使用法律制度的建设方面，应当对使用金的征收、使用权人的环保义务和公益责任以及主管部门的审批监管等职责都需要做出针对性的安排规定。

第二，各个国家无居民海岛有偿使用法律制度的内容同国家的人口密度、政法体系以及资源储量等国情存在着紧密的联系。对于美、澳等英美法系国家来说，它们经济发达、人口压力小并且岛屿资源非常丰富，由于本身人均土地资源方面就比较充裕，并且其国民的素质和环保意识也比较高，所以能够用相对较小的管理成本来实现对本国无居民海岛生态环境的保护以及合理利用。但是，由于亚太地区人口众多，是全世界人口密度最高的地区之一，有着非常突出的人地矛盾。人口多、资源少，这就使各国在资源环境方面的压力非常大，从而导致各个国家之间存在着岛屿以及海域管辖方面的争议。因此，日、韩等国通过出台法律，用集中管理的方式来加强对无居民海岛有偿使用的规划和管理，近些年更是通过专门立法行事，来申明对岛屿的管辖主权，从而扩张本国海洋权益。

第三，各国在无居民海岛有偿使用的管理方面，比较注重政府部门管理内容以及管辖权限的集中。这一方面韩国组建海洋水产部体现得最为明显，通过将本国无居民海岛涉及的海洋、土地、警务、环境以及执法等方面全部合并到一个部门职权范围之内，一方面避免了部门之间推诿的弊病，另一方面也增强了规划部署以及落实工作的效率。这种制度最突出的优点是将互相联系的无居民海岛以及周边海域进行统一的规划调整，从而能够实现海岛整体价值最大化以及环境生态保护的目的。我国在无居民海岛的有偿使用法律制度建设方面，同日、韩等国存在着很多相同之处，在借鉴其经验的同时需要根据我国的国情，因地制宜探索符合实际情况的无居民海岛有偿使用法律制度。

第四，美、日、韩等国家的无居民海岛有偿使用法律制度发展到今天，经历了一个漫长的过程，在数十年的发展历程中经过修复整改才得以完善。我国无居民海岛有偿使用法律制度建设起步较晚，同时因为立法迟滞以及管控不力而付出了无居民海岛资源流失等诸多代价，但通过参考借鉴日、韩等国的管理模式，完善我国无居民海岛有偿使用法律制度，同时落实执行具体规划，有效利用我国无居民海岛资源。一方面可以考虑选择单行立法的方式，在扩充《中华人民共和国海岛保护法》关于无居民海岛有偿使用条文的基础上，制定针对无居民海岛有偿使用法律制度的专门立法。另一方面要调整行政部门的权责划分，将我国无居民海岛涉及的土地以及环保等部门重叠的审批权限划分到海洋主管部门，从而完善考核标准、行政流程以及追责机制。此外，还需要强化对无居民海岛的监管保护的力量，除了在资金以及技术方面提供支持以外，还应当推进海洋执法同各地驻军和武警的协同合作，合并目前零星分散于不同行政部门的执法力量，同时借助沿海部队以及边防武警的协助，遏制我国无居民海岛存在的盗采流失现象。在有偿使用法律制度的建设过程中，还应当明确对无居民海岛的保护优先原则，不应该将无居民海岛的有偿使用来作为招商引资以及地产建设的宣传，使用金的利用也要用来保护无居民海岛的生态环境。

2.2.3 无居民海岛有偿使用的法律制度

一般来说，陆域面积大于 500 平方米的称之为岛，陆域面积小于 500 平方米的称之为礁。1982 年出台的《联合国海洋法公约》关于岛屿制度的第 121 条对岛屿进行了相关定义，岛屿指的是那些自然形成的并且四面环水而且在高潮的时候高于水面的陆地区域，但并没有对无居民海岛做出进一步的界定。我国 2003 年 7 月 1 日起开始施行的《无居民海岛保护与利用管理规定》（国海发 [2003]10 号，以下简称《规定》）当中，第一次对无居民海岛进行了精确的界定，该《规定》的第三十四条明确指出，无居民海岛是指在我国管辖海域内不作为常住户口居住地的岛屿、岩礁和低潮高地等。根据这个规定，那些没有常住户口居住地的海岛，虽然有人常年在海岛上面进行旅游活动、军事活动或者海水养殖活动等，也被定义为无居民海岛。

要研究无居民海岛有偿使用的法律制度，首先要明确无居民海岛有偿使用制度的内涵。只有准确把握无居民海岛有偿使用制度所涵盖的内容，才能对其进行客观、公正和准确的研究。根据《中华人民共和国海岛保护法》中的"无居民海岛属于国家所有，国务院代表国家行使无居民海岛所有权"（第四条）和"经批准开发利用无居民海岛的，应当依法缴纳使用金"（第三十一条）规定，我们可以概括出无居民海岛有偿使用制度的内涵：无居民海岛有偿使用制度是指在保证无居民海岛国家所有的基础上，根据无居民海岛所有权与使用权分离的原则，国家与无居民海岛使用单位和个人之间依法建立一种租赁关系，无居民海岛使用者在使用期内，对指定的无居民海岛按年度逐年缴纳或按规定一次性缴纳使用金，国家通过宏观调控，保证无居民海岛使用权作为特殊商品进入市场流动的一种新型无居民海岛管理制度。

第3章 海岛旅游开发战略研究

3.1 开发价值

3.1.1 丰富的海岛旅游资源具有开发优势

近年来，随着我国经济快速增长，人们生活水平不断提高，越来越多的老百姓加入到出境游的行列。有关资料显示，我国已成为欧美旅游最大的客源国。而海洋旅游线路成为我国居民出境游最重要的选择，新加坡、马来西亚、泰国、法国、英国、意大利、美国、加拿大、冰岛、挪威、澳大利亚、新西兰等海洋旅游大国或地区，是我国居民最重要的旅游目的地。

我国海岛的数量多，面积大，遍布整个海岸线，12个海岛县几乎都由成百个小岛组成，这就为开发海岛旅游提供了强大的基础优势。我国海岛海滨地区可供开发的旅游资源十分丰富，不仅种类多、质量好、品位高，而且地域组合良好，开发潜力极大，可以满足游客娱乐观光、海上运动、健康养生、休闲度假、海底探险、体验异地文化习俗等多种需要。就自然景观而言，风景奇特秀丽、景色迷人。以大连黑石礁、青岛石老人、海南天涯海角为代表的各种海蚀地貌奇观，极富观赏价值。以青岛崂山、浙江普陀山等为代表的海滨山地，岩崖陡峭，怪石嶙峋。大连蛇岛上成千上万条的蝮蛇，庙岛群岛上栖息产卵的上万只海鸥，普陀岛上数以千计的大香樟，东南沿海的红树林，南海海域中色彩斑斓、形态各异的热带鱼类、参类、贝类、海龟、珊瑚等动植物资源，珍贵而独特，为大陆内地所罕见。此外，沙滩、海岸旅游资源更为丰富，部分海岸段沙滩沙子软，坡度平缓，可辟为天然的海水浴场，如大连、北戴河、南戴河、烟台、青岛、厦门、三亚等均为著名的海滨度假疗养胜地。不仅如此，人文景观融文物古迹、宗教文化、民族风情、渔岛风俗为一体，并与阳光、海水、沙滩、山岳、动植物等自然景观交相辉映，有机结合，构成一幅绚丽多姿、充满诗情画意的海滨城市风景画，使海岛旅游开发的价值大为提高。区位条件往往也会影响开发的可行性、开发等级和开发条件。世界上最多旅游区点的国家都因其优越的区位环境而增强了对游客的吸引效应。海岛海滨地处我国东南沿海，是内陆通往世界的重要门户，也是我国交通运输发达地之一，与内陆相比，在交通道路地理上占有明显的优势。港口、码头众多，海上交通便捷，公路、铁路、航空运输均很发达，大部分海岛地区由公路、铁路、民航、水运构成的四通八达的立体交通运输网络，可进入性较好，与内陆市场联系也极为方便。同时，海岛海滨地区比内陆更接近主要国际客户市场，是东亚、东南亚、西亚、东非、大洋洲等国际市场最近的地区之一，在国际旅游地域体系中处于十分有利的位置。

尽管大多数海岛传统经济发展都面临诸多制约，如外部依赖性、缺乏决策自主权、空间隔离性、区位边缘性、规模不经济、乡村化、资源稀缺性以及交通不便，但旅游需求的增长为海岛经济开发打开了新的空间。靠近大都市的海岛，海岛经济开始由渔、农为主的第一产业向以旅游业为主的第三产业转移。传统的以渔业和种植业为主的开发模式所形成的较为原始的海岛自然风光与大陆之间保持了明显的差异，而这种差异结合海岛独特的地理位置及文化遗产在很高程度上对游客产生了很强的吸引力，在某种程度上促进了海岛旅游业的发展。

3.1.2 海洋经济发展促进海岛旅游开发

海洋经济的繁荣，是世界经济增长的活跃因素。20 世纪 70 年代初，世界海洋经济总产值大约为 1 100 亿美元，据联合国统计，1998 年世界海洋经济总产值达到了 1 万亿美元，占全球经济总产值 (23 万亿美元) 的 4.4%。21 世纪，海洋经济将会以更高的速度发展，预计 2020 年有可能达到 3 万亿~3.5 万亿美元，占世界经济总产值的 10% 左右。

改革开放以后，中国的海洋经济发展速度超前于整个国民经济发展速度。1979 年海洋经济总产值为 64 亿元，1994 年达到了 1 400 亿元，1996 年猛增至 2 800 余亿元，两年间翻了一番，占国内生产总值的 4% 左右。两年后的 1998 年增至 3 270 亿元，1999 年又增至 3 651 亿元。20 年来，海洋经济总产值增加了 57 倍。尤其是进入 20 世纪 90 年代后，伴随着高科技的进步，海洋经济作为中国经济的一部分迅速发展。"九五"期间海洋经济增长速度保持在11%～13%，高于国民经济平均发展速度。

2000年，海洋经济总产值突破了4 000亿元大关，约占国内生产总值的4.5%；海洋产业增加值达到2 297亿元，占全国GDP的2.6%。2001年海洋经济总产值达到7 233亿元，增加值占全国GDP的3.4%。2005年，海洋经济总产值达到9 000亿元左右，2010年达到14 000亿元左右，2020年将占当年国内生产总值的10%，真正成为国民经济新的增长点。可见，海洋经济是中国经济不可缺少的一个组成部分。

海洋经济的发展主要依靠海洋生物资源，旅游经济的发展主要依靠海洋自然资源。尽管海洋生物资源与海洋自然资源的性质有着明显的区别，但这两种资源有一个共性，即都与海洋有关，可以统称为海洋资源。因此，海洋资源不仅是海洋经济的发展根基，也是发展旅游经济不可缺少的基础。有所不同的是，海洋经济利用的海洋资源具有实用价值，而旅游经济利用的海洋资源具有观赏价值。无论是实用价值还是观赏价值，从利用海洋资源这个角度上来说，海洋经济与旅游经济是具有共性的，并且从对发展国民经济所起的作用上来看，它们是一种平行的关系。

从另一个角度讲，海洋经济的繁荣必将为海洋旅游的开发铺平道路，因为从产业结构上，海洋旅游已占海洋经济的14%。因此，海洋旅游的发展不仅会促使海洋经济的发展，而且会促进旅游经济的更大发展。由于旅游经济中含有海洋旅游的要素，其发展最终又会加速海洋经济的发展，因而海洋经济与旅游经济具有相辅相成的关系。如果把海洋经济与旅游经济结合起来综合考虑的话，势必可形成海洋旅游经济。因此，海洋旅游经济可以定义为以海洋资源为吸引物、以旅游经济为基础而形成的一个新的经济领域，属于旅游经济的一个分支。

总之，丰富的海洋生物资源与自然资源是当今世界经济与国民经济可持续发展的重要根基。由于现代海洋科技的进步，优化了海洋产业结构，加速了海洋经济的发展。海洋经济的发展不仅促进了世界经济与国民经济的发展，而且为发展海洋旅游经济开辟了广阔的道路。

3.1.3 海岛旅游开发政策环境良好

改革开放以来，党中央、国务院先后批准在沿海地区设立了一批经济特区、沿海开放城市和经济技术开发区,地方政府纷纷筹建各类投资开发区、高科技园区、度假区等,国家不断赋予沿海地区一些特殊优惠的政策和灵活的措施,使沿海地区形成了多层次、全方位的开放格局,尤其是在吸引外资方面,中央又给予沿海地区一系列特殊的政策倾斜,为外商投资某些产业包括旅游业创造了一系列优惠条件,从而使沿海地区成为外商投资的主要集中分布区。近年来,海滨地区利用外资兴建了若干个国家级旅游度假区、省级旅游度假区及一大批旅游基础设施。此外,沿海不少地区政府对旅游业日益重视,将其确定为重点扶持产业。这些均为海岛海滨旅游开发提供了比较宽松的政策环境。我国首部《中华人民共和国海岛保护法》是中国最高立法机关第一次为保护海岛生态系统而启动的国家层面的立法工作,是对海岛地区社会、经济、生态等综合系统的综合保护法规。海南国际旅游岛建设已经被纳入国家战略,我国将在2020年将海南岛初步建成世界一流海岛休闲度假旅游胜地,海南岛将成为开放之岛、绿色之岛、文明之岛。

3.2 开展战略

3.2.1 规划先行,科学发展

旅游业所涉及行业的广泛性、海洋与海岛生态环境的脆弱性以及当前旅游业膨胀所造成的环境危机等,都要求海岛旅游开发应以全面协调、可持续发展的思想,坚持以人为本、全面协调可持续的发展战略。先要制定科学规划,树立旅游开发规划先行的思想。对丰富的海岛资源进行统一规划和安排,避免开发建设的盲目性,防止无序发展。

对海岛的旅游开发进行规划,做好政府部门应尽的引导、监督和管理职责,根据各个岛屿的特点和功能处理好开发和环境之间的关系,保证旅游资源开发后不毁坏环境,用科学的方式进行规划。确保海岛旅游开发有计划、有秩序、有特点地进行,以充分合理利用海岛旅游资源。同时,加强各地区和旅游服务企业之间的联系,宏观上对交通、住宿、餐饮等各部门设施建设和开发进行协调与统一,规范市场体系,消除发展瓶颈。

政府部门还要在交通开发、资金投入及生态环境保护等方面做出科学的规划。为了让海岛的旅游资源和旅游业可以长远持续的发展，特别要注重对生态环境的保护，拒绝过度开发的现象出现。在前期规划过程中考虑保护生态环境，在开发旅游资源的时候需要保护好海岛中原有的植被和地形，避免其遭到破坏。旅游设备的建设需要与周边的环境相互匹配，保持海岛最自然的风景。科学测算海岛的环境承载力，充分利用好海岛的海陆空三大空间。

3.2.2 建设基础，政府主导

强化政府职能，形成以政府为主导的开发体系。国内外海岛旅游开发的经验表明，海岛旅游开发应充分考虑海岛居民的切身利益，旅游开发的成功与否，很大限度上依赖于旅游开发经营主体与当地社区的共同努力和良好协作，海岛旅游开发过程中，应依靠行政力量做好基础设施的建设准备工作。具备较为完善的旅游基础设施和交通条件，是开发海岛旅游资源的前提条件。在基础设施建设方面要建立海水淡化系统，充分利用风能建立风力发电站，为旅游业提供充足的水、电保障。要建立健全交通运输网络，加大铁路、高速、海上航线的交通建设力度，改善目的地机场、火车站等附近交通枢纽的交通条件，缩短对外连接的交通时间。

政府主导建立保障制度。生态环境是非常脆弱的，这种脆弱导致很容易被人为破坏。保持持续发展的状态，保证生态环境的优良，需制定相应的可持续发展的一些策略。加强对海岛旅游资源的环境保护，防止海洋污染，环境监测部门需要建立对环境监测的制度，对海岛的旅游资源及海域进行有效的监督，对发生污染的地区进行有效的防范，避免污染的扩大，另外需要对海岛周围的海域进行防止污染的保护措施，并进行统筹管理。制定合理的环境保护制度。要按照制度加强对海岛上的基础设施建设的把关，让海岛的自然和人文景观都得到保护，挖掘其中存在的内涵，有利于对海岛的旅游文化和产品进行推广。海岛的水资源非常匮乏，要制定相应的用水制度，保证生活污水得到妥善的处理，提高水资源的利用情况。还需要对海岛中所产生的垃圾进行处理，制定垃圾回收分类和环保处理。

3.2.3 坚持特色，差异开发

从世界各国滨海、海岛旅游发展状况看，无论是高端旅游还是中端旅游，都有其自身明确的定位，找到了适合自身发展的思路。根据海岛的特色发掘旅游资源，将旅游资源用差异化的方式进行开发，最重要的是，需要将海岛中具有特色的一些景观或者资源进行充分的挖掘，将这种差异化与海岛的整体资源进行有效的结合，为成为知名的国际海岛旅游场地奠定一定的基础。海岛发掘特色岛屿需要根据实际的情况进行，开发出适合海岛等岛屿的资源，但在发掘的时候需要按照国家的规定进行。

我国目前的许多海岛旅游开发产品定位单一雷同，群岛中各岛间开发雷同，重复建设严重，大多数海岛旅游缺乏有个性的包装和品牌策划。不仅如此，还应注重不同海岛的文化挖掘。文化是旅游的灵魂，是旅游业发展的依托。海洋文化，即人类在开发利用海洋的社会实践过程中形成的精神成果和物质成果的总和，其具体表现为人类对海洋的感知以及由此而生成的生活方式，包括衣食住行、民间习俗、语言文学艺术等多种形态。海岛旅游开发应以海洋文化为灵魂。海岛地区旅游要实现跨越式发展，必须紧紧围绕海洋文化这条主线，用海洋文化来塑造旅游的灵魂。要对海洋文化和海岛民间文化内涵做深层次挖掘，大力营造海洋文化氛围，开发具有海洋文化和海岛地方特色的海洋旅游产品。

3.2.4 注重合作，共同发展

加强区域合作是任何一个旅游业发展的关键。旅游业的发展是建立在场地具备旅游功能和属性的基础上，也就是说，要有旅游的目的地，而且关键是需要提升设备的基础，建设旅游活动的区域。要想发展旅游市场就需要找好合作伙伴，这样可为提升当地的旅游产业提供有利的资源，保证优势可以得到充分的发挥，达到相互合作、利益双赢的局面。区域之间的合作也可提高海岛的旅游产业效益，尤其是可提高当地旅游景观的知名度和美誉度。海岛的地理位置和交通方面处于劣势，所以更应加强区域之间的合作，抓住这个机会发展成熟的旅游模式。

由于海岛在地理位置、区域环境、资源基础与历史文化等方面的地域差异，我国滨海海岛旅游开发程度、发展水平与发展方式存在明显的不同。

海岛作为特殊的旅游地，其开发规划对促进海岛的经济社会发展起到宏观的指导作用，可促进海岛区域文化景观的升级。研究海岛旅游开发规划意义重大，对未来海岛地区旅游发展状况进行构想和安排，做好精细、高端、而富有特色的旅游发展前期战略规划，以追求最佳的经济效益、社会效益和环境效益。

3.3 开发策略

3.3.1 利用资源，突出优势

3.3.1.1 深挖资源优势，打造旅游精品

利用资源优势和大好时机进行旅游开发，结合环保、生态、健康、休闲的消费理念和消费潮流，设计、开发出一批有特色的旅游产品，市场的认可度会很高。

（1）做好蜜月婚庆旅游开发

蜜月度假对于每个人来说都是重要的事情，谁都想要一个难忘而美好的蜜月，希望自己能拥有与众不同的浪漫的蜜月旅行。海岛明媚的阳光、透明的海水、洁白的沙滩、多彩的珊瑚、浪漫的月色，远离大陆喧嚣而与众不同的旅游资源，恰好满足了新婚燕尔蜜月之旅的独特需求，必将成为蜜月度假胜地。而用如空气般透明的海水、如童话梦幻般的美景为背景，享受尊贵如世外桃源般的婚纱摄影，把蜜月旅行和婚纱照一起完成，甜蜜而有意义，这样的旅游产品必将受到年轻人的追捧。

（2）做好其他产品开发

在"一带一路"的国际大背景下，将独特的海洋岛礁资源和南海文化结合起来，在一定区域开海上垂钓、海上高尔夫、海上冲浪、游艇游憩、空中览胜、潜水探秘、沙滩休闲、荒岛探险、历史文化游等展现三沙自然优势而精致的旅游产品，形成海岛旅游精品。

3.3.1.2 把握客源市场，针对目标营销

充分发挥海岛自然环境优势，结合潜力巨大的旅游市场机遇，把握热爱海岛旅游的游客市场，对其细分。因目标群体的不同采取不一样的营销

方法，力争做透核心市场、带动二级市场、开发潜在市场，如此才能收到比较好的效果。

3.3.2 改善环境，挖掘潜力

3.3.2.1 保护第一，科学管理

海岛生态系统、资源环境都很脆弱，一旦破坏再去修复将会非常困难，因而任何一项开发工作都要以保护为前提。人类文明脚步的推进常伴随着对自然的破坏，保护环境是向自然进取过程中面临的永恒命题。要树立生态环境立市的理念，始终坚持开发与保护并重、防治与修复并举，才能在逐步推进旅游开发中不受制于环境脆弱的影响，达到发展和保护同步进行的目的。

3.3.2.2 政府主导，多方合力

政府作为旅游开发规划的领导者，应充分发挥在旅游发展中的主导作用以及在产品、项目营销中的宏观调控作用，牵头整合各级政府、企事业单位、社会团体、居民等力量，形成合力，推进旅游业的有序发展。

3.3.2.3 加大基础设施建设，改善旅游硬件环境

在旅游业的发展过程中，基础设施建设起着重要的作用，旅游业要发展，前提条件是基础设施要充分供给，旅游业经济发展与基础设施建设存在着一定的正相关关系。对于海岛旅游发展来说，重点是要加快旅游配套基础设施建设，完善旅游交通、旅游厕所和其他配套基础设施等。

（1）旅游交通建设

海岛的交通运输能力对旅游开发是非常重要的，作为连接大陆的纽带，它是海岛旅游发展的关键，也是游客挑选旅游目的地的优先考虑要素。邮轮快速而稳健，适当引进豪华游艇发展高端旅游，同时在岛屿之间开通陆岛交通船，开辟海岛旅游新途径，满足不同兴趣游客的需求。

（2）旅游厕所建设

旅游厕所是一个景区必备的基础设施，多年来，国家旅游局多次下发各种文件，旨在引起当地各级政府、景区领导的高度重视，加大资金投入，以满足游客的需求，改善旅游环境。对于海岛旅游来说，旅游厕所的建设尤为重要，实现国家旅游局对旅游厕所"数量充足、卫生文明、实用免费、有效管理"的要求。

（3）其他旅游基础设施建设

吃、住、行、游、娱、购这六大旅游要素，每一样都与旅游基础设施息息相关，要结合特殊的自然条件，建设观赏性、趣味性、参与性强、适应游客需求的旅游文化娱乐设施及其他基础设施。

3.3.2.4 提高管理服务水平，改善旅游软件环境

旅游管理服务水平亟待提高，旅游人才供给等出现短缺。政府要进行详细的规划，从人才保障、游客管理保障等方面促进旅游行业的发展。

（1）旅游人才保障

为满足海岛旅游开发需要，要做好短期和长期的旅游人力资源规划，优化人才引进机制，增大人才提升空间，鼓励人才多方面发展，实现人才"进得来、留得住、用得了"的目标，以促进海岛旅游开发战略愿景的实现。

（2）游客管理保障

制定并完善景点游客安全管理的政策法规，依法依规对游客行为进行约束；完善岛礁旅游点的安全防护标志，注重游客的安全教育，既要做到点上的安全，又要着重面上的安全教育和引导，使游客能自觉遵守规定，避免发生事故。加强海上娱乐设施、设备的管理维护，如潜水、海钓冒险性较强的设备要安排专人负责检修。

（3）政府部门保障

重点为旅游管理部门配备必要的人、财、物，使其能够充分发挥监管职能，做到职责单一，行动统一，发展第一。重点旅游项目、路线的开发经营，要坚持政府主导、企业参与、专家学者论证，经有资质的旅游规划机构设计，最终面向全国公开招标，形成既公平合理，又安全科学的竞争开发机制。

3.3.3 区域合作，多元发展

（1）加强区域合作，实现联合发展

目前，我国各地旅游规划基本上是按照行政区划进行，各行政区为争夺同一类旅游资源的开发利益，人为地设置障碍，造成资源配置不合理和各种重复建设，损害了市场效率。海岛旅游开发要克服当今旅游产品同质化的威胁，充分发挥自身资源优势，就应加强区域旅游合作，通过区域内

旅游要素组合，实现资源共享，优势互补，从而实现效益的最大化。

（2）注重市场需求，坚持多元发展

随着生活水平和生活质量的提高，人们对旅游的追求不仅局限于观光休闲、猎奇览胜，更多的是借旅游增长见识、陶冶情操。因此，海岛旅游开发应满足旅游市场多样化需求，避免旅游产品同质化。通过深挖景区景点内涵，把文化、休憩、娱乐、参与等融为一体，提炼旅游景点的旅游主题，开发旅游精品，提升吸引游客的魅力，吸引更多回头客。

3.3.4 创新思维，迎合市场

（1）创新思维，开发邮轮高端旅游

海岛基础设施薄弱，若开展常规旅游将面临很多难题，一是无法满足游客最基本的衣食住行需求，二是无法适应不断扩大的旅游市场发展，因此要创新旅游产品形式，开发邮轮观光高端旅游。

（2）迎合需求，开发体育赛事旅游

通过迎合市场需求，开发体育赛事旅游，能有效地克服这些劣势。海岛如此优美奇绝的自然环境，又地处辽阔深海海域，人烟稀少，特别适合开发以观光海岛风光为依托的休闲体育旅游。开发普通大众都能参与的海上娱乐项目，如摩托艇、潜水、水上拖曳伞、竹筏海上漂流和浴场游泳比赛等。将这些体育运动和海岛旅游结合起来，适当创新，吸引更多热爱运动的游客前来旅游，争取到更大的综合效益。

开发节庆赛事旅游。举办大型节庆、高端赛事活动能推动海岛旅游更迅速发展。选择一个顺应时代潮流的主题，举办相应的赛事，不仅能够丰富旅游产品种类，增加客流量，也是旅游宣传的妙招，更是有效消除海岛旅游淡旺季的好方法。

3.4 营销策略

海岛旅游营销在理论以及实践上属于旅游目的地营销，旅游目的地营销是旅游营销的重要组成部分，是将旅游目的地所有与旅游相关的利益者作为一个整体进行营销。旅游目的地营销的未来发展趋势是将营销理论结合旅游目的地市场的实际情况进行有效营销。目前,旅游竞争力的强弱已从传统旅游企业之间的竞争上升到旅游目的地整体实力的竞争。

3.4.1 产品定位策略

(1) 开发富有特色的海岛旅游产品

目前,虽然各目的地之间的竞争在加剧,但从所提供的旅游产品上来说,同质化现象相当严重,产品普遍雷同。其实,越是海岛的就越应该有个性,越是本土的越应该有特色。因此,进行海岛旅游产品开发时,应注意开发差异化的旅游产品,形成自己的旅游特色,如融入地域的民风民俗、节事活动、渔家海上活动等海岛化的素材。在开发旅游产品时,必须采用新思路、新方法,突出主题,才能提升产品的质量。

一般说来,海岛拥有山水秀美、地貌奇特的自然资源和人文资源,海岛旅游资源相当丰富,为了更好地开发特色海岛旅游产品,海岛首先要进一步完善基础设施,基础设施建设应该注意现代化和特色化相结合;其次,增设休闲的环境,增加旅游景区周边的休息、娱乐区域,如体育与娱乐设施、草地、凉亭等;最后,开发特色旅游项目。

(2) 改善海岛目的地旅游服务功能,树立良好的目的地形象

改善海岛目的地旅游的服务功能是营销过程中必须重视的问题,因为较完善的旅游服务能给游客留下比较深刻的印象,同时可以使游客获得最大效益。旅游目的地整体旅游服务质量的提升需要将旅游目的地的基础设施,吃、住、行、游、购、娱等服务的各个方面进行整合,从而使利益最大化。为了更好地提升目的地旅游服务功能,树立良好的旅游目的地形象,对于群岛来说,首先最重要的应当是完善当地的旅游基础设施,这些旅游基础设施有通信、交通、住宿、餐饮、娱乐、购物等。为了满足不同层次和年龄段的心理需求,应尽量多地为他们提供多元化的旅游产品。其次,要根据旅游目的地的特色旅游资源优势,对旅游资源进行有效的整合。最后,依据海岛自己独特的海岛特点,选择一个适合自身并能抓住潜在游客消费心理的旅游目的地形象旅游主题或是响亮易于记忆的宣传口号,在确定了旅游主题的前提下,要注重增加与海岛旅游宣传形象相关的辅助解释标语,使之能够吸引广大游客的同时,也进一步激发潜在海岛旅游消费者对于海岛的旅游欲望,最终促使旅游目的地完成有效营销。

3.4.2 价格策略

价格是在营销组合中带来收入的唯一因素，有效使用可以帮营销者战胜竞争对手，反过来很容易伤害自己。影响定价的因素包括三大成分：产品成本、顾客认知价值和竞争对手的价格。

旅游企业制定价格之前必须了解自身产品的成本，而且还需要进一步了解成本的构成，即固定成本和变动成本两个部分。固定成本跟产品销售量毫无关系，如建筑成本、装修费用、设备购置、人工费用等。变动成本却与产品销售量具有特别密切的关系，其之所以随着销售量的增减而增减，是因为其就是游客直接使用的用品或为游客服务而消耗的能量。定价低于总成本，企业不但不能收回投资而且还会造成亏损，时间长了就会危及企业的生存。

消费者在决定选择产品之前一般将付出的成本与所得到的利益之间进行轻重比较，只有觉得自己的收益大于付出的时候他们才接受那种产品的价格。那种感觉叫作消费者对产品价值的认知，与产品真正的价格有所不同，如顾客认知价值高过产品价格，旅游者对产品产生的需求越高，反之他们的需求将越来越低。最后影响到产品定价的因素也是不能缺少的因素是竞争。在一系列比较相似的产品有很多企业共同提供的情况下，旅游者经常选择价格比其他低的产品。只有在完全垄断的市场，即没有竞争对手，企业才可以根据市场需求而自身控制价格。此外，在其他市场条件下，除非企业能把产品在同类之中差异化并占有市场地位，其对价格制定才有一定的影响力，否则企业难以单独改变产品价格。

企业定价时还需考虑清楚定价的目标是什么，在每个发展阶段定价目的也不一样。基本上定价目标有四种最大的目的：追求利润、占有市场份额、应付与防止市场竞争以及树立和改善企业形象。目前，海岛旅游产品定价最大的目的是为提高销售量与占有市场份额。价格对于需求通常具有直接的影响，海岛当今可以制定出对潜在消费者有吸引力的较低价格，以开阔市场和扩大旅游产品销量。这个措施会导致利润较低，但可以很有效地吸引游客来到海岛，过一段时间以后会占据优势的市场地位，从而获得更丰厚的利益。

当前，海岛上的旅游产品价格比较混乱。由于海岛旅游管理机构没有旅游产品定价的职能，所以旅游企业自作主张，随便定价。旅游旺季的时候还有"天价"的情况出现，会影响到游客的满意度。如此下去，海岛旅游的形象还没形成就被摧毁了。因此，海岛旅游管理机构要立即完善、控制旅游价格的策略。首先，要建设海岛旅游产品的成本核算系统，以了解海岛旅游产品本身的成本，同时针对竞争对手的定价情况提出海岛旅游业合理的规范价格。其次，要建立专门统计海岛各企业产品价格的负责组织，规定定期与及时更新信息。这样，海岛旅游管理机构才有明确的根据进行海岛价格监管。

3.4.3 促销与传播手段策略

3.4.3.1 *广告宣传*

广告是促销常用的手段，目前广告对消费者选择与购买行为具有相当稳固的地位，甚至消费者对没有做过广告的产品与其质量产生怀疑，购买其的可能性十分低。广告有传播面广、表现力强和吸引力大的特点，所以其成为营销最灵活、最管用的手段不难理解。作为特殊的产业，广告对旅游业有着不可估量的作用。

报纸、杂志：成本低、有固定与广大的读者，报纸和杂志可以产生一定的视觉效果。海岛可以利用这点，选择国内外的一些知名度及美誉度较高的出版品登简明的广告，包括飞机上的航空杂志，连锁酒店、餐厅和会议中心的宣传册等，如此可以使游客对海岛形成初步的印象。

广播：也具有报纸、杂志广告的优点，但广播广告不可满足视觉需求，也不能传出复杂的信息。另外，广播是以农村人、老人、学生以及驾驶员等听众为主，不太符合海岛旅游的目标市场。所以，广播只能帮海岛提高知名度而已。

电视：是形象宣传最佳的方法，虽然投资成本有点儿贵，但效果却特别大，只用几十秒钟就可以把海岛风貌和特征生动、有吸引力地传播出去。海岛可以在各大电视台购买广告，在其时事和电视播放黄金时间播放广告，因为那段时间看电视的人很多。此外，可以跟国家旅游局合作录制海岛旅游专题节目、旅游专题片等。

互联网类宣传：网络广告是一种不限制时空的宣传工具，而且广告范围也毫无边界。在科技时代，使用互联网广告是一种先进的信息传播方式。

通过广告方式把海岛广泛推广；向搜索页供应商购买业务以使海岛出现在最容易找到的位置。除了在网站上提供海岛旅游最正确、最有效的信息之外，还应建设一系列预订及购买系统，使游客能方便地购买海岛旅游产品。

户外广告：在露天或者公共场所的广告叫作户外广告，可以在建筑物外，可以在公共交通工具身上和公交车站台上，可以在机场行李推车上等。该方法的优势在于接触受众多，可以挑选地点以及生命周期较长。

3.4.3.2 公关促销

公关促销效果比其他广告方法好。因为除了帮助目的地打造知名度的之外，其还能塑造美誉度和旅游形象。使用该方式容易获得旅游者的认可，引发他们产生自发关注，也有助于消除旅游者的不满和误解，并重塑形象。

公关促销有参加会展、公益活动，组织节庆、节目和团体交流等实现方式。

（1）参加旅游展览会

博览会或交易会本身就是市场。旅游展览会还具有较强的带动效应，可以扩大举办国的影响，提高举办城市的知名度，吸引成千上万的游人来旅游。海岛旅游发展时应当注重参与旅游展览会，同时跟其他一些海岛旅游企业合作以推广自己的品牌，把展台创作和路演组织做得更有质量、更有特色、更上规模。

（2）组织节庆、节目

积极组织各种庆典和节庆活动，如音乐会、选美比赛、专业和业余体育比赛、海洋宗教节日、海鲜美食节等；积极组织各种公益活动，如教育活动、环保活动等。这些活动效果亲切自然，容易被观众瞩目，而且媒体也会向公众提供信息，无意中给海岛旅游免费做宣传，可以说是一举两得。

（3）媒体招待会

搞好与媒介的关系也是旅游地广泛传播的一种重要手段。选择一些重要新闻或发展政策举办新闻发布会或记者招待会，有利于海岛与新闻界朋友的交流与沟通，对海岛旅游建立良好的形象有着重大的促进作用，因为记者招待会信息发布的形式比较正规，具有可信度高、内容严肃等特点。此外，海岛旅游管理机构应该定期邀请国内、国际目标市场的旅行商代表及其新闻媒体界代表来海岛旅游，帮海岛传播信息并缩小其与目标市场之间的距离。

3.4.3.3 推广

旅游者对新上市的旅游产品没有足够的认识和了解，所以难以产生消费的欲望。此时，旅游营销者进行免费、特价、优惠等推广活动来解决问题，在短期内给新旅游产品开个通道。另一方面，如竞争对手进行一场较大的推广促销活动，而企业没有反击进行相对有效的推广措施，那么很大的市场份额会有可能跑到竞争对手的手里，反过来如果适时实行推广将使企业占领更多的目标市场，所以推广是旅游企业在市场上的生存武器。

除了旅游者之外，推广活动还包括其他两个对象：中间商与推销人员。对这两个对象进行推广的目的是调动其积极性，鼓励他们帮企业多销售，多开拓潜在市场。推广形式大多为让利折扣、奖金、提供免费培训或技术指导等。

根据自身情况，海岛向游客进行推广可以采取以下活动：

（1）缩短距离

由于地形特殊，要到海岛乘坐的交通工具较多。路径延长，游客多少会产生一种心理阻碍。因此，海岛旅游如果跟航空和轮船客运合作，进行交通费用折扣的推广活动，该活动可以说是治疗旅游者心理距离病症最有效的药方，尤其是海岛旅游业刚刚开发的这段时间，推广措施如可实行效果更为巨大。

（2）给海岛旅游气氛增加热度

海岛组织一些事件，岛内的饭店、餐厅、景区景点门票等一律减价，造成一个强大的旅游者前往海岛的冲击。同时，进行竞赛、抽奖活动，奖品可以是海岛的纪念品或者海岛游的优惠。大多数人都喜欢赢取奖品，进行竞赛的刺激作用也非常大。

（3）让旅游者留下印象

向游客提供免费的物品或利益，一般包括赠品、免费纪念品和赠品印花三种。赠品通常为钢笔、T恤衫、钥匙环等。至于赠品印花，一般情况下，消费者想要获得赠品印花必须参加活动后继续购买产品，但其实海岛可以采用另一种做法：扩大赠品印花享受对象。如果旅游消费者暂时不想购买海岛旅游产品，可以赠送给其他人。这样游客自身可以消除浪费的感觉，如他们来不及使用而转赠给他人，不知不觉就帮海岛旅游推广了知名度以及促销了其产品。

第4章 海岛旅游开发特色元素挖掘

海岛旅游的开发需要重视特色元素的挖掘，其中包含挖掘地方元素，结合地方文化，重视旅游地居民和目的地游客的感知，才能打造出有特色的海岛旅游产品。

4.1 地方元素

在挖掘海岛的地方元素方面，窦梦云（2015）在《海岛旅游地方依恋元素及其强度变化分析——基于中国游客的质性研究》一文中，通过对中国游客50篇代表性海岛网络游记的文字和图片进行内容分析后，在探索性研究基础上进一步对经验丰富的海岛旅游者进行深度访谈，获取受访者对海岛旅游的想法及其喜爱的关键图片、文字，运用隐喻提取技术展开质性分析，得到以下关于海岛地方元素的结论。

4.1.1 海岛元素的分类

海岛元素分为自然景观、人文景观、人物、动物、静态活动、动态活动这六类。在海岛元素六大类目中，所占比例最高的为自然景观，其余依次为人文景观、静态活动、人物、动态活动、动物。

4.1.2 海岛游客的地方依恋元素

中国游客对海岛的依恋元素归纳为背景元素、体验元素和情感元素三类。背景元素营造氛围情境，对应第一部分研究中的自然景观和人文景观、动物类目，是形成地方依赖的条件以及产生地方依恋的基础；体验元素对应静态活动、动态活动，通过体验活动增加人与人之间的互动，加深情感；情感元素以人物为载体，以同行伙伴和当地居民为代表，在背景元素和体验元素的基础上凸显社交情谊，加深对海岛的地方依恋。因此，这三类元素构成了中国游客对海岛的依恋元素。

4.1.3 海岛游客的地方依恋强度

海岛游客的地方依恋强度存在强弱差异，从满足感官体验的工具性依附——地方依赖，经过一定心理历程后产生对海岛价值上和情感上的认同——地方认同，最后演变成对自我归属的深思和探讨以及精神寄托——根情结。

4.1.4 在海岛的旅游开发中，增强地方元素的做法

4.1.4.1 注重营造背景元素，提高游客感知价值

不管是大海星辰、沙滩椰林还是宗教文化、市井生活，旅游情境的转换首先体现在自然环境和人文韵味上，而这些都是游客对海岛最直接的感知并由此进行价值判断。游客在海岛上进行的所有体验活动和心理感悟都是以海岛背景元素营造的氛围情境为前提，这也是满足游客功能性需要的重要部分，是游客对海岛产生地方依恋的基础。因此，背景元素是游客在整个海岛旅游过程中赖以"表演"的"舞台"的背景，为了提高游客感知价值，如下几个方面值得注意。

第一，海岛自然环境不仅是游客感知的基础，也是进行海岛体验活动的载体，对海岛生态保护的重要性不言而喻。

第二，人文韵味营造的海岛文化氛围是游客体验不同文化、引起心理共鸣和思想感悟的重要旅游情境，一方面要注重保护当地文化，避免由于过多游客的涉入而产生不良影响，另一方面可以注重展示当地民俗文化，丰富游客感知内容。

4.1.4.2 加强酒店和沙滩的管理及保护，确保游客体验质量

中国游客在海岛旅游过程中始终围绕着酒店和沙滩为中心点开展活动，由此可见酒店和沙滩在游客整个游玩过程中的重要性，因而对酒店和沙滩的管理和保护显得尤为重要。

第一，酒店不仅是为游客提供睡眠的地方，同时也是海岛景观的一部分，更是游客在岛上体验设备和享受服务的重要提供者，因而海岛酒店不仅要考虑给游客提供舒适的房间，酒店环境和建筑建设更要体现当地风情

和环境特色，丰富完善酒店的设施和设备，更要加强管理工作人员提供的服务质量。

第二，干净的沙滩、柔软的沙子无疑是吸引中国游客出游的重要因素，白沙滩给人纯净的感觉，黑沙滩给人壮丽的情怀，绿沙滩让人看到大自然的不可思议，因而对沙滩环境的保护也是重要任务。此外，在保护沙滩的前提下可以丰富沙滩活动，而酒店工作人员可以在其中起到组织作用，多样化的沙滩活动既丰富了游客体验方式，又可以提升游客对酒店的体验质量。

4.1.4.3 突出海岛体验活动，增加旅游营销亮点

海岛体验活动的产生基于海岛本身的自然环境和文化氛围特点，根据对海岛旅游者地方依恋元素的探索性研究可以看出，中国游客在海岛上更趋向于进行静态体验活动，但作者在对游记进行分析过程中发现中国游客同样也对动态活动拥有强烈的兴趣，但只处于观赏状态，这是由以下几点原因造成的。

第一，海岛旅游在国内兴起的时间不长，国内游客习惯于把观光的旅游方式带到海岛旅游中去，并且静态活动也是最容易、最直接体验海岛生活的活动。

第二，动态活动如拖曳伞、风筝冲浪等在国内并不那么普及，在游记中许多中国游客都表示未曾见闻，并且这类活动不仅要求强健的体力和活动者的胆量，还要求有一定的技巧，这使得未经过训练的中国游客只能望而兴叹，但也由此触发了游客尝试的欲望。海岛体验活动对于国人是刺激出游需求的一大亮点，一方面静态活动直观体现了海岛旖旎风光、丰富而独具风情的海岛生活，另一方面动态活动为中国游客尝试改变旅游方式、寻求多样体验提供选择。

4.1.4.4 多途径展现海岛吸引力

现如今的营销传播渠道随着互联网的发展而呈现出方式多样、互动性强、参与广泛、不断创新的动态过程，而海岛吸引力是一个动态的并具有空间感的整体感知，因而除了通过杂志图册和网站发布海岛的摄影图片和影像视频以外，还可以考虑以下两种途径。

第一，广告合作、电影和微电影的拍摄是宣传营销海岛旅游的重要途径，广告产品和影视明星不仅可以给海岛旅游增加关注度，动态的影像展

示结合故事情节还可以给海岛赋予某种深层意义和情结，如给"千庙神岛"巴厘岛赋予宗教的意义、给"婚礼圣地"马尔代夫赋予爱情永恒的情结，这更能激发观众的出游欲望。

第二，鼓励海岛游客使用互动平台实时传递在海岛旅游的体验和感受，微博、朋友圈甚至Facebook和Twitter都是现如今方便快捷实时传递图片和文字的互动平台，同时对于海岛的营销来说也是成本最低且游客参与度最高、传播范围最广的方式。而大量的海岛旅游信息给潜在游客做前置知识的准备，在不断更新的信息加工再加工和积淀的过程中产生"根情节"，激发潜在游客出游动机。

4.2　地方文化

在结合地方文化开发海岛旅游方面，周瑾（2015）在《普陀山宗教文化资源的开发与利用研究》中，在普陀山已开发的海岛旅游业中，从海岛的自然、宗教、文化和社会需求等四个基础开展研究，寻找普陀山在宗教文化资源的开发和利用上存在的问题，并提出相应的对策。

4.2.1　普陀山开发旅游的自然、宗教、文化和社会需求等四个基础

普陀山宗教文化的自然基础是由普陀山的沙滩、岩石、涧泉以及各种奇草异卉，一起构成了普陀山昂然伟岸而又千娇百媚的神奇风貌。

普陀山的宗教文化是由普陀山的寺庙文化、观音造像艺术和普陀山的佛教景观构成的。

普陀山的寺庙包括寺院、庵堂和茅棚等，曾经遍及全山。最盛时候有三大寺、八十八庵堂、一百二十八座茅蓬，合计达219座。普陀山供奉着观音。从文化的传承性来说，普陀山供奉的观音叫"杨枝观音"；从地域文化来看，普陀山观音又叫"紫竹观音"；进入新时代后，普陀山观音又有了自己的形象，那就是"观音大佛"。普陀山的佛教景观可以概括为"三寺""三宝""三石""三洞"及"十二景"。

普陀山宗教的文化基础是集海天自然文化、仙道文化、佛教观音文化、旅游观光文化、传说文化、文学歌咏文化、楹联碑额文化、摩崖石刻以及

文物碑林文化于一身。普陀山的观音文化和儒、道、妈祖文化、海洋文化都有联系。而独特的海洋自然环境，海洋保护神的宗教文化渊源，又恰逢中国对于佛教的大力吸收和弘扬，使得普陀山成了观音道场的最佳选择。具有海洋特色的观音文化是普陀山的骄傲，它使得这个海岛与浩瀚的大海联系在一起，这是其他观音文化所没有的海洋特色，普陀山的历史和传说让普陀山的海洋观音文化不同于其他地方的海洋观音文化。

普陀山宗教文化的社会需求基础源自于普陀山旅游业的蓬勃发展。早在 1982 年，普陀山就被评为第一批国家重点风景名胜区，是那时唯一一个以宗教圣山定义的海岛旅游胜地。与其他海滨旅游地相比，虽然普陀山旅游业起步较早，但发展速度却比较缓慢。

4.2.2 普陀山在宗教文化资源的开发和利用上存在的问题

4.2.2.1 对普陀山宗教文化的定位和方向的不确定性

普陀山在宗教文化发展的道路上定位不确定的因素一直存在，也是很难解决的问题。这种不确定性主要表现在政府的管理者对普陀山宗教文化发展的方向上。

近几年，随着政府管理者的变更，普陀山的发展定位、发展方向也随之变化。之前的管理者对普陀山的开发与利用侧重于对佛教文化的发展和生态的保护，之后的管理者侧重于生态的开发和旅游业。部分普陀山居民对生态开发和发展旅游业并不反对，他们认为佛教讲求关爱大自然，只要旅游发展是建立在环境保护的基础上就可以。将住在景区内的居民迁移到景区外，改变居民的生活圈，造成景区内的村落分布不均衡。居民之前用来维持生存的资源都被景区占据，为了生活，只能寻找代替性的经济来源，随后就出现了宾馆、饭店、商店等。为普陀山的佛国圣地增添了商业气氛。多数的居民都在从事跟旅游业有关的行业。

迫于当地的财政和发展的压力，管理者从经济利益出发，追求政绩，将普陀山的宗教文化资源当成"摇钱树"，对普陀山过度地开发利用，不但对生态环境造成了严重的破坏，还极大地影响到了普陀山宗教文化资源的发展。政府对普陀山大力发展旅游业却使普陀山的生态环境大不如前，加大了普陀山的人工化，香道的重新铺设、植被的更新等，虽然使普陀山更加美观、更加现代化，但严重影响了普陀山原有的宗教气氛。

4.2.2.2 蓬勃的旅游业对宗教文化资源开发的影响

近些年来，普陀山旅游业一直在蓬勃发展，使普陀山在国内外的知名度越来也高，也带动了普陀山宗教文化的传播。但是，随着普陀山旅游业的发展却给普陀山宗教文化带来了影响。

（1）商业化越来越严重

随着普陀山旅游业的蓬勃发展，普陀山上的商业气氛越来越严重，已经严重影响到观音文化的发展。游客、信徒上岛后除了要购买进山的门票外，进入主要的寺院庵堂还要再次购买门票。有些寺院还会出售"天价高香"；在前山密集分布着各种各样外观华丽、风格不同的宾馆、饭店、商店；进出寺院的马路两侧，更是有售卖各式各样与佛教有关的饰品、挂件、箱包、服饰等。虽然说虔诚拜佛的游客、信徒是不在乎门票、香花券和伙食费用的，却还是反映出旅游业已经使普陀山带有特别浓重的商业气息了。

（2）交通混乱

在普陀山上出现了现代机动车道和步行的香客道路相混杂的现象，严重影响了普陀山的礼佛氛围和原始的佛教风貌。机动车在高速行驶的过程中会威胁到步行游客、信徒的人身安全。机动车的出现使得游客缺少了感受、体验、欣赏传统香客道路的"海天佛国"观音文化景观的机会。

（3）对寺院庵堂保护不当

在当下的发展过程中，虽然注重设施建设，但传统的老旧寺院庵堂没有得到合理的保护，给普陀山宗教文化的传承造成了一定的影响。

（4）设施建设不当

在普陀山现有的旅游设施建设中，存在着布局、设施建设不当的问题。一部分现有设施不仅没有利用价值，而且还带来了没必要的损失。有一部分旅馆是以利益为目的的，这些旅馆大部分床位少，没有好的管理，利用率很低，却占据着大量普陀山风景区的用地。

（5）环境污染严重

由于普陀山接待游客的数量不断增加，使得岛上的污染问题越来越严重，垃圾随意堆放、景区内的游客随手乱丢垃圾等不文明的行为、机动车发出的噪音、汽车的尾气等都破坏着普陀山的生态环境，影响着这个佛教圣地的形象，也降低了游客、信徒对普陀山的满意度。

（6）导游素质低

普陀山的导游没有系统的管理，当地的导游多数都是普陀山本地人，文化层次不统一，许多导游对宗教知识了解得不多，给游客讲解的时候更多的是讲解传说、典故，并没有真正涉及宗教知识。

4.2.2.3 普陀山宗教文化资源开发、利用中面临的内部忧患

（1）管理和服务水平不足

普陀山是国家级的风景名胜景区，因为整个普陀山的发展是以佛教观音文化为主，以佛教资源带动旅游经济发展，所以每年都有大量的游客前来进香或游山玩水。在节假日或者其他一些香火旺盛的节日里，普陀山的接待能力显得不足，进山和出山都成为问题。周围的个别酒店、旅馆的设施和服务水平不好，和收取的费用相比非常不符，给国内外的游客带来很坏的影响，严重地影响了普陀山宗教文化的开发与利用。景区内的指示牌混乱，与普陀山的宗教文化极不协调。

（2）没有专门研究机构

普陀山没有成立专门的观音文化研究机构。个体学者在研究中资料的收集比较难，尤其是观音信仰的相关经典的费用不是小数目，一般人难以承受，一些国外的研究成果也不能很好地引进吸收。所以，不能更好地挖掘观音信仰的精神内涵，扩大普陀山的观音文化影响力。当然，这需要普陀山管委会和佛教协会的共同努力，在管理体制和运作机制上都应该有所创新。目前，整个观音文化学界的研究大都是基础性的，内容包含造像艺术、法门修持、经典诠释、传播情况等各个方面。

（3）信徒、游客盲目崇拜

一些信众盲目崇拜，在寺院烧香的时候迷信"头炷香""长寿香"等。有一些信众以为烧的香越多就越灵验，为此而烧大量的香，不仅浪费金钱而且污染了环境。这些行为与现在所提倡的"文明烧香"格格不入。一些老年观音信奉者不能从根本上理解观音信仰的内在精神，盲目地认为观音菩萨是"万能的"，因而他们的行为有时候会给自己和他人带来不小的麻烦。

（4）季节性分化严重

普陀山是佛教圣地，它对国内外游客具有广泛的影响和极大的吸引力。因此，每逢三大观音香会节、佛教论坛或其他佛教节庆日，四方信众必然会前来朝拜，人数众多。此外，春节、"五一"、"十一"等假日黄金周选择

出游概率较高的时间段，游客量也会增高，其他时段的游客量则比较分散，这就使得普陀山形成了较明显的季节性。

4.2.2.4 普陀山宗教文化资源开发、利用中面临的外部挑战

（1）四大名山处于客源的竞争状态

在四大名山中普陀山、九华山位于华东，占据着较有利的旅游区位优势，但五台山号称中国佛教第一圣山，和峨眉山又都是世界文化遗产，使它们在旅游市场上有着很高的市场认知度，对普陀山在旅游市场上的客源开拓形成了一定的压力，而且随着国民经济的发展、交通条件的改善，普陀山的区位优势也将不再突出。在旅游可进入性上，四大名山的交通区位逐渐趋同，无形中也会对普陀山客源产生一定的分流。

普陀山是海岛名山，较其他三山是有着特色化优势的，但面积较小，使得后续的发展空间不足，使之与其他三山在客源竞争方面显得心有余而力不足。

（2）新兴的佛教景点的竞争

2004年，山东龙口南山大佛（高38.66米）建成开光。2006年，四川峨眉山十方普贤圣像（高48米）建成开光。2008年，河南鲁山大佛（高128米）建成开光。

4.2.2.5 对普陀山宗教文化的管理和发展属性不统一

在普陀山宗教文化的开发中，政府的支持和引导也起着至关重要的作用，尤其表现在方针政策和管理部门的管理水平上。但是，对于普陀山的发展方向一直没有统一的意见。

在普陀山归属问题上，政府内部出现了严重的分歧。一部分人认为普陀山是国家的，支持申请世界非物质文化遗产。而另一部分人对普陀山存在着严重的地方保护性，认为普陀山归属于舟山，不是将普陀山非物质文化遗产的申报当作一种政绩，就是将普陀山申请非物质文化遗产致力于经济利益的获取，追求经济利益的最大化。普陀山具有商业开发价值，方便转变为旅游景点，有利于舟山的经济发展的项目。但是，对于那些口头流传的宗教文化资源，却认为其不具备商业价值，是劳民伤财，大多处于自生自灭的状态中。政府把大量的精力放在旅游开发、对外招商引资等形象工程上。

从普陀山宗教文化前景上看来，申请世界非物质文化遗产可以促进普

陀山宗教文化的开发与利用，推动普陀山宗教文化走向世界。

4.2.2.6 以普陀山为中心的宗教文化圈较小

在四大名山中，普陀山位于华东，发展旅游业具有比较有利的优势，但五台山与峨眉山都已申请了世界文化遗产，在旅游市场上有着比普陀山更高的市场认知度，对普陀山宗教文化在海内外开拓形成了压力，而且随着经济的发展，普陀山的区位优势也显得不再那么突出。另外，四大佛教名山中只有普陀山是海岛型的佛教名山，其他都是山岳型的。虽然这是普陀山的一个特色，但 12.5 平方千米的面积，使它的后续发展空间不足，使它在与其他三座佛教名山的持续竞争中得不到有效的发展。

随着发展，普陀山每天接纳的旅客日益增加。普陀山的面积狭小，可供游客游览的景区面积更显狭小的问题更显突出。普陀山附近的许多小岛却在慢慢地荒废。普陀山与这些小岛之间是疏离的，要将这些即将荒废的小岛重新利用起来。

在普陀山周围还散布着洛迦山、桃花岛、岱山和嵊泗列岛等著名风景区，普陀山宗教文化的可持续发展应该利用这点，不要脱离这个大旅游圈独立发展。在附近岛屿开发不同层次的宗教文化旅游区，不但可以促进经济发展，还可以分担普陀山的承载量，又能满足不同层次游客的需求。

由普陀山开发旅游的案例可知，海岛旅游开发必须结合地方文化，突出特色，才能在林立的海岛旅游中有一席之地。

4.3 旅游感知

4.3.1 居民旅游感知

对于有人居住的海岛进行旅游开发，居民的态度很关键。姜萍（2009）在《青岛海岛居民对海岛旅游影响的感知研究》中，用应用社会交换理论、巴特勒的旅游地生命周期理论和道克西的愤怒指数理论对海岛居民的感知进行解释后，基于居民感知，提出了青岛海岛旅游开发建议。

海岛属于相对封闭的人文空间，旅游业的发展必然会对其社会、文化、经济以及环境等方面产生影响，海岛居民的心理感知是海岛旅游发展的一面镜子，而对居民感知的研究则有利于政府了解当地居民对旅游业的态度，从而使其成为进行旅游规划以及制定旅游营销策略的依据和参考。笔者通过对田横岛、灵山岛和竹岔岛居民对旅游影响感知的调查、分析，结合青岛市海岛旅游发展的实践，提出了以下建议，供旅游开发者参考。

4.3.1.1.1 建立青岛海岛旅游可持续发展模式

（1）建立"产、销、服"一体化的青岛海岛旅游可持续开发模式

由于不同地区的发展情况不同，旅游业发展的具体情况的差异，不同旅游地的旅游开发模式也有所不同。笔者根据青岛海岛的特点，结合实地调研和相关文献的研究提出了建立"政府＋村旅游组织委员会（旅行社）＋居民旅游管理协会"的旅游开发形式，构建"产、销、服"一体化的海岛旅游开发模式。这一开发模式要求海岛居民自产、自销、自服，将旅游的各个环节联系起来，促进海岛旅游的可持续发展。"政府＋村旅游组织委员会（旅行社）＋居民旅游管理协会"的具体形式是：政府负责交通通讯等基础设施建设和协调各利益主体（开发商、村委会和居民）之间的关系，负责旅游开发项目的资金筹集和投向；村旅游组织委员会是由村委会组织成立的旅行社，负责对外旅游宣传营销和组织旅游团到海岛旅游；居民旅游服务协会组织居民负责海岛的环境卫生、治安秩序，接待旅行团并协调旅馆、饭店安排旅游者入住，组织当地民俗风情的演出与旅游者参加的娱乐节目，组织村民参加英语导游知识等各项培训等。责任到人，分工明确，责、权、利的互动关系促使各项工作从一开始就开展得有条不紊，秩序井然。

在海岛旅游的外部市场机制发育不完善的情况下，政府的指导和推动对于发展初期的海岛旅游业是非常必要的。政府应在资金、宣传促销、基础设施建设、培训、规划甚至管理方面适度干预和扶持。在海岛旅游初具规模后政府应适时地引导当地旅游业的发展向市场驱动转变，逐步采用市场调节、鼓励农民成立相关民间团体、协会等组织以取代部分政府职能，以保证海岛旅游的发展真正有利于当地居民利益和经营者利益，促进社会效益和经济效益的统一。随着海岛旅游行业协会及其他民间组织的成立，行业自律行为将逐步产生作用，政府的管理职能宜弱化，而监管职能必须加强。但是，在自然生态保护方面政府仍要进行规制和干预。

（2）加强海岛生态旅游建设

青岛海岛数量虽多，但大部分面积较小，71%的海岛面积小于0.1平

方千米，面积最大的灵山岛，面积也只有7.22平方千米，因而不适宜进行规模化的旅游开发建设活动。但是，生态旅游是一种在可持续性发展原则指导下，以观赏和感受生态环境、普及生态知识、维护生态平衡为目的的一种新型的绿色消费方式，它坚持社会、经济和生态平衡的协调发展，是实现旅游业可持续性发展的比较有效的形式。基于海岛生态环境的脆弱性，可在海岛开发生态旅游。

青岛海岛在开发生态旅游时，要注意将生态旅游的理念融入旅游规划中，在规划建设初期，就应该非常注重对生态环境的保护，建筑风格尽可能与周围环境相协调，在建设时依山就势一般不破坏地形地貌，要尽量避免大兴土木等有损自然景观的做法，尽一切可能将对旅游资源的影响降至最低。

加强对海岛居民生态旅游的教育与培训，受利益驱动的海岛居民会"竭泽而渔"，这非常不利于海岛旅游的可持续发展。提高居民的自然保护意识，必须对海岛居民进行教育和培训，采用现代化的光、声、电、多媒体综合手段，向海岛居民生动地展示有关自然保护、生态系统和生物多样性等方面的知识，使他们在思想上真正认识到生态环境的重要性，才能从根本上解决生态旅游资源保护的问题。限制旅游者的行为，通过制定相关的法律法规对旅游者行为做出一定限制，并通过旅游指南、注意事项、宣传标牌等形式让旅游者加深对生态旅游的认识，对旅游者进行培训和教育，使其获得更多关于生态旅游的知识，自觉控制自己的行为。

4.3.1.2 开发具有青岛海岛特色的多元化的旅游产品

随着城市居民收入的不断增长，居民消费心理趋于成熟，休闲时间增加，更使得家庭式近程旅游方兴未艾。现代社会生活节奏加快，工作压力增大，人们回归自然、返璞归真的愿望与日俱增，因而近年来城市居民追求自然和田园风光的趋势亦有所增强，旅游观念也正由过去单一的观光旅游向多元化休闲旅游转变。

（1）设计海岛特色旅游产品，坚持"一岛一特色"

旅游产品是满足旅游者旅游需求的最终形式，产品设计的个性化特色是海岛吸引旅游者的重要因素。目前，海岛旅游项目单一，以自然景观观光为主，参与程度不高，因而绝大多数游客只来看一看，当天返回城市，基本不住宿或购物，影响了旅游产业综合经济效益的发挥。要结合地域自然资源特点，紧紧围绕特色资源的挖掘、提炼和表现，提高旅游开发的深度和广度，积极开拓多层次的旅游产品，发展海岛特色的多元化旅游项目，以适应旅游者不同层次的需求。例如，开发海岛系列旅游主题公园。一是以各个海岛特有的自然景观为载体，以本地特有的历史文化为背景而开发建设系列化的海岛旅游主题公园。二是全新的设计概念，突出海洋主题，将海洋文化、地方历史、海洋知识科普等与生动、活泼、健康的参与性活动项目结合，营造一个集海洋观光、休闲娱乐、野营探险、渔猎采集、海上体育等内容为一体的旅游产品。三是接待国内青少年、中年旅游者，以新婚家庭和子女在6～17岁的家庭和中等收入水平及中等收入水平以上的消费者为主要服务对象。

应该坚持"一岛一特色"旅游开发理念，充分发挥各海岛的特色旅游资源优势，深挖海洋文化内涵，一座海岛突出海洋文化和海洋休闲主题，一座海岛配套一系列功能齐备的休闲娱乐及后勤服务等设施，逐步推出一批海洋休闲度假旅游精品。利用海岛的地域和环境优势，在度假和休闲市场中抢占先机，将自然观光旅游产品提升到兼具观赏性、参与性和娱乐性的高档次上来，才能在日益激烈的竞争中抓住机遇，吸引游客，占据更多的市场份额。

（2）深入挖掘青岛海岛传统文化内涵，体现渔家风情

在全球化、国际化、一体化的今天，海岛不再是一个完全封闭的系统，海岛与外界的文化、生活等方面的交流越来越多，海岛旅游产品所依托的社会文化环境已经因"现代性"的充斥而正在逐渐丧失其本土文化特性，海岛居民生活不断被现代城市生活所同化。但是，传统文化最能显示出地方特色，也是一个地方旅游业发展最具魅力的吸引力。海岛的生活方式、民风民俗、历史传说、文化内涵、传统产业、地方食物、土特产品、地方方言等都是海岛旅游业赖以生存的核心所在。

因此，要提高海岛居民对海岛传统文化的认知，培养海岛居民的文化认同感和自豪感，使居民认识到真正能够吸引游客的是海岛原汁原味的民俗风情，而不是一味地对城市的复制，让游客真正体验渔家四合院的静谧、品尝渔家美食的鲜美、感受渔民的朴实等，只有这样，才能保证渔家民俗传统文化的继承和发扬，增强海岛旅游的吸引力。

4.3.1.3 正确处理青岛海岛旅游收入分配的问题

由于海岛旅游的民办形式以及海岛旅游的运作方式，使得海岛旅游在经济上的影响范围和影响程度有限，如果没有很好的规划和指导，旅游发展极易造成居民收入的分化和居民之间的恶性竞争，所以要建立健全社区利益分配机制，让当地居民分享发展旅游带来的利益，以旅游带动经济发展，旅游带动居民生活水平的提高，妥善解决好旅游经济收入、居民就业和商业机会的公平分配问题。

（1）建立公平、合理的利益分配机制

研究结果表明，很多海岛的居民都感知到了只有少数当地居民从旅游业中受益，只有开旅馆、饭店和从事旅游交通的居民受益于旅游业，甚至有一部分居民认为发展旅游的利益都被政府剥夺了。同时，旅游产生的经济效益也没有覆盖到每一个居民，对旅游业给个人带来利益的感知都比较弱，虽然可以享受发展旅游带来的交通便利、生活设施的改善，但还要承受发展旅游带来的各种环境、噪音、道德等方面的负面影响。因此，要解决海岛经济社会的协调发展，就要保障海岛居民的利益，把发展的空间和主动权留给海岛居民，使旅游所产生的直接收益和乘数效应留在海岛。只有海岛居民真正分享到旅游发展所带来的经济利益，居民才能对旅游业表示欢迎，并继续支持海岛旅游业的发展。

（2）探索青岛海岛居民受益的有效途径

根据实地调查发现，海岛旅馆、饭店在扩大规模和提升档次方面出现了瓶颈，主要表现在知识结构、经营管理能力、资金等方面。这就要充分发挥政府的主导作用，帮助居民从最初的自发性经营向现代化经营管理转变，主要体现在：首先，政策倾斜，保护居民利益；其次，资金支持，低息贷款、税收返还，对基础设施进行建设；最后，加强培训，提高农民素质和知识。因此，应探索建立居民从旅游业获益的一种有效途径，控制旅游收益漏损。

（3）妥善处理青岛海岛居民与旅游者、政府或开发商之间关系

由于我国海岛旅游发展时间较短，在旅游观念、旅游意识等方面比较淡薄，同时政府主导型发展思路使旅游发展更多是听取政府和开发商的意见，很少听取当地居民的意见。在海岛旅游开发初期，只关注旅游开发所带来的经济收益，对旅游开发带来的各种负面影响以及利益的分配却很

少给予考虑，当地居民的利益常常被忽略。根据实地调查，部分居民反映旅游者的到来影响了他们的日常生活，如有的居民要晚上熬夜培育虾苗白天休息，可是轰隆的汽车、嘈杂的人群让居民无法正常休息；有的旅游者甚至破坏居民的庄稼和蔬菜。因此，必须妥善协调海岛居民和旅游者之间的关系，研究和规范旅游者的消费行为，加强对旅游者的教育和管理，引导旅游者理性消费，增强环境保护意识，保护海岛的生态环境，做文明旅游者，与海岛居民保持良好关系。游客进入海岛需要交进岛费，在与居民的交谈中发现，大部分居民认为这部分收益在海岛旅游收益中占很大一个比重，但这部分收益都被政府和村集体瓜分，村民并没有从中获益；也有的居民表示，在开发初期政府所承诺的一些利益分配并没有兑现，因而必须妥善处理居民和政府的关系。如果居民的自身利益得不到保证，必然会采取反抗行为，各利益相关者的矛盾和冲突必然将导致旅游可持续发展的波动。

4.3.1.4 建立青岛的"海岛居民参与"机制

可持续发展理论认为，旅游目的地居民参与是实现可持续发展的重要手段。例如，1992年的联合国环境与发展会议通过的《21世纪议程》明确指出，"要实现可持续发展，基本的先决条件之一是公众的广泛参与"。1997年6月，世界旅游组织发布的《关于旅游业的21世纪议程》中明确提出将居民作为关怀对象，并把居民参与作为旅游发展过程中的一项重要内容和不可缺少的环节。此外，国内外现有的生态旅游理论中，也将居民参与作为发展生态旅游的重要原则。

（1）居民应该参与其居住海岛的旅游总体规划

在国外，旅游地居民不仅参与了旅游规划、政策的制定，在旅游发展早期就已做好旅游发展利益的分配。因此，应该让居民参与有关旅游发展的决策、参与旅游业的经营，在制定旅游发展目标、制定相关政策和规定、制订和实施发展计划、监测和评估旅游发展方面听取海岛居民的意见和建议，让居民有充分的发言权。

（2）加强海岛居民的服务理念，提高参与层次

居民是旅游地最重要的构成元素，居民是否真正参与旅游发展，居民参与旅游发展的程度，直接决定着目的地的发展水平和发展趋势，如何让居民积极参与和配合旅游发展，是海岛旅游业可持续发展的关键。因此，

充分关注海岛居民参与旅游开发的问题,充分听取居民的意见,建立有效的居民参与机制,让居民参与旅游业在海岛旅游决策和旅游开发收益中都有所体现,只有这样,他们才会更积极地投入到旅游业的发展当中去。对居民进行必要的引导,使其认识旅游开发的价值及投入前景,发挥示范效应,处理好居民对社区参与的预期回报问题显得尤为重要。

海岛居民参与旅游发展目前还属于"低级层次",居民的一些参与行为虽然充实和丰富了当地旅游业,给旅游业带来了好处,也增加了自己的收入,但无序经营和同质性经营也限制了受益的扩大化。一方面,通过教育培训,使居民对旅游有足够的认识从而更加深入地参与旅游发展,激发他们参与旅游发展的热情;同时,加强旅游服务技能和管理培训,可以邀请相关旅游服务专家对居民开展培训,利用观看视频、宣传册等手段提高居民的参与能力。另一方面,建立相应的激励、奖励机制,充分调动居民的积极性和责任感。鼓励本地居民的经营活动,尤其是鼓励、引导本地居民从事旅游经营活动,为他们提供优惠条件,如帮助当地居民筹措资金或提供低息贷款,鼓励居民参与本地特色旅游商品或纪念品的生产,鼓励居民进行农产品深加工等。再者,政府及景区管理公司通过合理规划投资,针对居民具体情况的不同设计有针对性的参与形式,如对于商业意识较浓的村民帮助其经营旅游商品店或渔家宴等;对于了解传统文化的居民可培养其成为景区导游等,并对居民的各种参与形式进行规范引导,防止居民之间的恶性竞争。

4.3.1.5 建立青岛海岛旅游影响监测机制

(1) 关注海岛居民的态度

海岛居民有自己的生活方式,有自己的文化传统。他们的社会活动、他们的物质和文化生活条件,使其社会群体拥有自己的社会意识。整个社会群体对事物具有普遍性的意识倾向和感受,即代表了当地居民的社会心理。尽管社会群体是由不同地位、观念的人构成的,尽管人们对同一事物的看法会有所不同,甚至大相径庭,但毕竟存在着导致群体行为和对事物做出反应的主流意识。海岛居民对旅游者的到来,尤其是对随之而来的种种影响必然会做出反应。

因习惯势力和保持自身文化传统的客观需要,现实生活中会有一条隐形的界限将各种各样的反应划分为两大类:一类是接受,一类是抵触。这个界限表现为当地的人们对传统和原有生存状态、环境条件所受冲击的容忍与否的限度。一定限度内的、普遍的容忍,不构成激烈对抗。但当形成普遍的抵触情绪时,海岛居民社会心理承受能力便达到了极限。

对海岛的实证研究表明,旅游带来的影响虽然没有达到居民的心理承受极限,但我们不能对居民的感知不闻不问,必须认识到居民感知的重要性。因此,应该建立旅游影响监测机制,积极地了解和研究居民对旅游影响的感知,以便更好地监测旅游的影响,进而采取相应措施加以控制,以使旅游消极影响最小化。这样不仅有利于更好地保护海岛,也有利于延长旅游地的生命周期阶段,实现海岛旅游的可持续发展,使海岛的保护和旅游业的发展相得益彰。同时,成立相应的监测机构,监测内容包括旅游强度是否超出合理环境容量,旅游者与居民关系是否改善或恶化并找出原因,旅游社会、经济、生态环境影响程度的变化及趋势等。

(2)关注海岛旅游者的态度

人们前往旅游地旅游,有着自己的期望值,有时也把它叫作"旅游满意度"。从海岛经济的角度看,游客访问量越多越好。但是,由于海岛生态极为脆弱,且一旦破坏很难恢复,旅游者的数量并不是可以无限制地扩大的,一旦超过了限度,不但不利于海岛旅游的可持续发展,而且海岛旅游的舒适性和环境条件也不可能满足旅游者的心理要求。

旅游目的地根据旅游者的地区来源、人口特征、停留时间长短、花费数量和重复访问情况进行市场细分。而根据旅游者的价值进行市场细分,然后把投资集中于吸引并满足这些"合意的旅游者",可能会产生更大的潜在回报和收益。既然决策质量在很大限度上依赖于可获得信息的质量,因而要建立专门的机构,以富有效率和高效的方式搜集信息对旅游目的地的命运很重要。如果能够以合理的精度衡量顾客的期望,并且在一定的时间内相对稳定,顾客对质量的满意度和看法就可以为旅游目的地的旅游规划提供有益的信息。从以下几点来了解顾客将有所助益:定期随机调查顾客,在可能的地方把这些调查纳入正常业务范围;用网站作为双向交流的工具(提供评论版和顾客调查),跟踪网站上最为流行的消息;在顾客界面上提供评论卡;对利益相关者群体进行典型调查,在可行的地方聘请外面的公司或第三方机构进行这些调查;整理并定期更新所有的数据来源。定期跟踪顾客的满意度,旅游目的地才能有效地用于指导管理决策。

4.3.2 目的地旅游感知

海岛旅游的开发，除了关注居民旅游感知，在作为目的地开发后，对于目的地感知也需要关注。曾祥辉（2016）在《湄洲岛旅游目的地投射形象与感知形象比较研究》中，通过对湄洲岛旅游投射形象与感知形象测量结果的对比分析，发现在形象主题和在情感倾向方面，两者都存在着一定的差距。为此，结合湄洲岛旅游形象内部差距模型，有针对性地提出了加快对湄洲岛旅游形象差距的弥合，提升湄洲岛旅游形象的几方面建议。

4.3.2.1 资源整合开发对策建议

旅游资源是湄洲岛旅游核心吸引力的重要体现，也是湄洲岛原生形象的核心构成要素，其表现形态及整合开发情况，都会对湄洲岛原生形象、投射形象和感知形象产生重要的影响。为此，首先应从旅游资源的整合开发上加大力度，塑造良好的资源形象，进而提升湄洲岛旅游形象。

（1）注重旅游资源内部的精细化打造

对湄洲岛旅游者游记与点评进行分析，发现旅游者对各个旅游景点单体的评价褒贬不一，指出了较多存在的问题，如开发低级、设施老化、不好玩等。这些对单体旅游景点的不满意，在一定程度上会影响到整个旅游体验。为此，湄洲岛旅游形象的提升，务必要注重对旅游景点内部的精细化开发，根据岛内不同旅游景点的资源特征，因地制宜，加强对各自资源特色的挖掘、延伸与强化，注重旅游产品的层次化、立体化、主题化开发，增加体验型、休闲度假型项目，延长每个景点旅游者的逗留时间。此外，还要提供精细化的管理与服务，以游客为本，强化对旅游景点人流的管理、标识标牌的指引、游憩观景设施的温馨化设计、旅游咨询与讲解等公共化、基础性服务，让游客体验到每个旅游景点独特的资源美感与温馨的人文关怀。

（2）强化旅游资源间的互动串联

通过对湄洲岛官方网站形象宣传信息及旅游者游记与点评的分析，发现其中大多是关于各旅游景点单体的宣传介绍与感知评价，各景点之间的互动营销信息与评价则非常少，旅游资源之间缺乏合作互动，不利于整个旅游区的联动发展，也不利于增强吸引力和整体旅游形象的塑造。因此，一方面要加强各个旅游景点之间的地理联系，主要是提高点与点之间交通接驳的便利性，实现两点、多点、环线之间的接驳衔接，依据游客景点流

第4章 海岛旅游开发特色元素挖掘

量,弹性增加接驳车辆与线路,改变过往单一环线接驳、等待时间长等问题。另一方面要加强旅游景点之间主题联系,主要是通过各项节庆、娱乐活动的巧妙设计,包括主场地与分场地的分别设置、全旅游景点同一主题活动的举办、同一活动分环节的串联等形式,带动全旅游景点的人流流动,相互补给与带动,提升人气。此外,还要改变目前岛内存在着的轮渡费、入岛费、旅游景区门票多层收费体系,加强对收费体系的调整,增加套票、联票等的销售,减少收费环节,降低旅游者觉得到处收费的感知。同时,应加强对岛内旅游业态的培育,尤其是夜间经济的打造,丰富岛内夜间娱乐休闲体验,减少对门票经济的依赖。

(3)建构丰富的旅游品牌形象

对于湄洲岛来说,不缺旅游资源,而缺乏对资源的整合与宣传。但对湄洲岛旅游资源进行整合、提炼出最具代表性湄洲岛旅游形象是一项能力要求极高的技能,需要整个管委会及其营销组织群策群力、共同谋划,因而要加强对内部人员的专业培训与实践实习,建立完善的专业培训体系,提高整体实力,用更专业的手法塑造湄洲岛独特的旅游形象。为此,可基于妈祖文化的独特优势,以其为纽带或契机,加强岛上其他人文与自然景点的整合打造,捆绑营销。同时,深化与中国台湾的合作交流,创新形式,除了合作举办"湄洲之夏"音乐季、两岸沙滩风筝节外,加强文化创业产业、会展业、邮轮业等方面的共同培育与合作。以节庆活动、旅游项目甚至整个旅游产业链的带动发展,逐步丰富湄洲岛的旅游形象,形成以妈祖文化为核心品牌,节庆活动、文创、会展、邮轮、度假等为重点品牌的旅游形象体系,形成"众星捧月"的形象格局。

4.3.2.2 改善旅游环境对策建议

湄洲岛旅游环境是原生形象的重要体现,通过基础设施与服务的完善,改善旅游环境,将呈现出一个美好的湄洲岛原生形象,既有利于湄洲岛旅游官方营销组织对其进行准确、深入地提炼与宣传展示,也利于增强旅游者的游览体验,增强满意度,最终有效地弥合差距。根据研究结果,具体可从以下方面进行完善与提升。

(1)加强对岛内交通系统的管理与完善

据旅游者游记和点评中的描述,岛内目前存在着公交车、电瓶车、摩托车等多种交通工具,电瓶车、摩托车多不规范且收费高,且公交车往往班次较少，平均每个站点等待时间长。因此，要强化对电瓶车、摩托车等非旅游交通工具的管理，取缔不安全的摩托车客运，规范电瓶车的服务与价格，同时根据进岛游客数量，合理安排岛内公交车班次，岛内形成以公交客运为主，电瓶车为辅的交通运行体系，为旅游者提供便捷的旅游交通服务。

（2）加强岛内住宿、餐饮与购物的规范管理

目前，岛内已形成星级酒店、宾馆和民宿多层级住宿体系，但在酒店设施、服务水平等方面还参差不齐，应按照相应的标准加强对住宿场所的监督管理，加强从业人员业务能力、服务技能的培训与规范，更好地为游客服务。餐饮设施岛内较多，但过于集中，交通接驳不便，且存在着价格偏高、宰客等问题，应加强对全岛餐饮设施的规划布局，合理分布，并设计交通接驳线与各景点连接，同时加强对餐饮市场的规范管理，防止餐饮价格虚高、宰客及食品安全等问题的发生。此外，还应加强对岛内居民或商户海鲜特产销售的管理，开辟专门的购物场地规范经营管理，强化市场管理，诚信经营，杜绝贩卖假货、欺诈和宰客等行为。

（3）加强岛内旅游安全管理

鉴于旅游安全事件对旅游形象的重大破坏作用，加强旅游安全管理是维护湄洲岛旅游形象的重要工作。湄洲岛内区域范围较大，山、海、怪石、崖壁等地质形态多样，旅游所涉及的"吃、住、行、游、购、娱"六要素范围广，每一环节都存在着较大的安全隐患风险，因而要构建全域化的旅游安全管理体系。首先，要成立专门的湄洲岛全域化安全管理监测系统，对全岛的各个景点、各旅游要素、环节以及自然灾害等进行实时的、全天候的监控，加强对各项突发事件的备案，组建专业的救援队伍，完善各项救援设施设备，提高救援的效率；其次，加强各旅游景点区域内的安全管理，包括各项游乐设施设备的定期检查维护、安全设施的修建、警示标牌的设置、监控摄像头的布局、人流的科学管理与引导等；最后，需加强对交通（出入岛和岛内）、餐饮、住宿、购物等要素环节的管理与把控，严格按照各行业的安全管理标准进行定期的安全隐患排查，防患于未然。

4.3.2.3 社区合作共赢对策建议

社区居民是湄洲岛旅游的一个独特而又重要的要素，他们世代生长于这片优美而厚重的土地上，其生产、生活和所创造的文化已成为湄洲岛旅

游不可或缺的文化元素。社区居民态度更是会直接影响到旅游者的感知形象，因而湄洲岛旅游形象的提升，一个重要方面便是要加强与社区的合作，吸纳其成为旅游发展的力量，共同致力于创造一个美好的旅游目的地。

（1）深化政府与社区的交流与合作

通过对旅游者的游记与点评内容进行分析以及结合自身的实践考察，目前，湄洲岛旅游管委会与社区的交流与合作较少或有些关系并没有妥善协调好，这主要体现在岛内各项极不规范的交通与摊贩售卖上。为此，双方应加强沟通与交流，理顺各项利益关系，妥善协调处理，求同存异，深化彼此之间的合作，实现共赢，让当地旅游发展惠及社区居民，提高其积极性与参与度，由衷地欢迎旅游者，让游客感受到热情。对于岛内目前存在的居民交通工具违规载客的问题，可采取两种解决方式，一种是由管委会全面负责岛内交通，居民旅游分红；另一种是由管委会和社区合作运营，管委会负责培训管理、规范引导。而对于违规摊贩售卖，可进行合理规划，划出特定的区域进行售卖，加强管理。此外，还应加强对社区居民的旅游教育培训，如旅游创业、旅游服务技能、诚信经营管理等培训，提高其参与旅游的能力，强化其旅游服务意识。

（2）共同营造积极的旅游氛围

旅游是一个快乐的过程，旅游产业是一个制造快乐、提供快乐体验的产业。湄洲岛作为国家级旅游度假区，其资源品级极佳，独特的人文与自然风光自然能带给人快乐与美好的旅游体验。无论是原生形象还是投射形象，通过积极情绪的传递都能有效地影响到旅游者的情感态度，增强其旅游的愉悦性。对于旅游形象来说，其信息的传达方式，主要包括文字、图片和符号三种形式。为此，湄洲岛旅游形象信息的传递应在文字的表达、图片的选择、符号的设计等方面不断创新，如尝试不同的字体、叙述风格、符号的形状、色彩等向外界传递积极向上的情绪。此外，还应加强与新型传播媒介的结合，如微电影、微视频、微拍、创意拍摄等，利用新型的传播平台，如微博、微信等多渠道向外界传递湄洲岛积极、友好的旅游情感。旅游形象的传递除上述信息传递媒介的影响外，还有湄洲岛现实的旅游环境，这些体现在当地旅游资源、产品、基础设施与服务、居民态度、商业化程度等原生形象的方方面面，这是一个庞大的形象传递系统，任何环节都在无时无刻地传递着其情感信息，因而湄洲岛旅游官方组织、居民、商业机构等利益相关者应通力合作，做好每一环节，共同营造积极的旅游氛围。

（3）建立旅游形象测量——评价一体化动态机制

湄洲岛旅游形象是一个系统动态的体系，其具有不可触摸性、抽象性、动态变化性等特点，尤其是旅游感知形象更是难以直观地展现与把控。而良好旅游形象的塑造与传递对于湄洲岛旅游与社区居民的影响却至关重要，因而非常有必要建立一个湄洲岛旅游形象"测量——评价一体化"动态机制，定期对旅游形象进行监控，把握其发展特点与趋势，及时发现湄洲岛旅游投射形象与感知形象之间的差距，以此来指导湄洲岛旅游环境的改进、提升，调整旅游形象宣传的方法与策略，营造并向旅游者传递良好的原生形象与投射形象。通过这种机制的建立，确保湄洲岛旅游形象传播的正确性，提升湄洲岛旅游形象，促进湄洲岛旅游的健康可持续发展。

4.4 特色产品

旅游的开发，最终都是以产品的形式投入市场。有特色的旅游产品，才能有卖点。史小珍（2008）在《舟山群岛特色旅游产品开发构想》中，针对目前海岛旅游资源开发不够深入，产品缺少灵魂的情况，以舟山群岛为例，设计了一系列特色旅游产品。

4.4.1 没有灵魂的产品没有长久的吸引力

目前所开发出的海岛旅游大部分没有挖掘其中的灵魂，游客不能体味到内在的精髓。以舟山群岛为例，从产品结构看，目前舟山的旅游产品以观光为主，基本上还是佛教观光产品一枝独秀。而度假休闲旅游产品、商务旅游产品以及其他专项旅游产品比较薄弱。从活动内容看，舟山目前所提供给游客的旅游产品基本上以景区观光游览为主要内容，娱乐、购物、参与体验活动等内容相对缺乏，文化性的品牌吸引项目更是匮乏。整体旅游产品的吸引力不高，不利于旅游产业综合效益的提高。

4.4.2 舟山市海岛特色旅游产品开发构架

随着经济的发展，人们工作压力的加大，社会竞争的增强，人们出游的目的动机不断改变，不再只局限于观光，对旅游能带给他们的身心放松作用更加看重，因而非常侧重于度假休闲、娱乐购物、自驾车旅游、农家乐等旅游方式，满足深层感受、体验、参与等心理需求。根据市场需求的变化情况，结合舟山市的资源特色，开发独具吸引力的海岛旅游产品，提升旅游资源价值。

4.4.2.1 海岛休闲旅游产品的开发

嵊泗列岛独具特色的蓝色海岸度假旅游，主要是开发、建设、经营凸现生态型、度假型、本土型的海岛产品。以泗礁为基地的海上观光探奇游，尤其是基湖——南长涂海滩观光休闲度假旅游带，或以营造一个集沙滩滨海观光、休闲为主，融滨海游乐、购物、会议、住宿、美食于一体的，提供综合性优质服务的滨海观光、休闲旅游带。

桃花岛休闲度假游。桃花岛上的千步金沙滩毗连碧水港湾，滩外碧波荡漾，滩上金光灿灿，山青沙纯水美。奇峰异岩，飞瀑幽谷兼含着丰富的历史典故和神话传说，自然景色和人文景观和谐交融。可游览大海风光，举行各类沙滩和海上活动，休闲游憩，探秘问故。

朱家尖休闲度假游。朱家尖景区以花岗岩峰峦、岩洞和海礁、沙滩为主要特点，融山、海、沙、石、洞、礁自然景观和人文景观为一体，包容了山峰峭壁、海滨金沙、岩洞泉涧、沧海涌日、青山落霞、古寺烽堡、摩崖石刻、渔乡风情等众多的旅游资源。空气负氧离子高，大气标准达到和超过国家一级，降温消暑的良好自然条件是旅游和疗养的佳境。

东海蓬莱海洋生态休闲游。利用秀山岛原生态和原始海滩，打造"海上香格里拉"；将岱山、秀山、长涂、衢山等分散的岛礁整合成为岱衢洋海上旅游环线。

4.4.2.2 岛屿专项旅游产品的开发

舟山本岛南部诸岛，包括大小五奎山、长峙、盘峙、松山、岙山、摘箬山、凤凰山等众多航门水道及深水良港整合成舟山群岛风光缩影游。

摘箬山可开展火山口群地学考察游，亦可开展孤岛生存探险游、海岛露营游等旅游活动；定海五峙山鸟岛生态科学考察游；嵊山岛东崖绝壁为一组较为发育的海蚀崖，可以开发为攀岩、蹦极等惊险项目。同时可开辟海上旅游线，让游客坐在船上欣赏海上景观和东崖绝壁的宏伟气势。

舟山市有上千个无人岛，生态环境极佳，可以开发出满足各种需求的专项旅游产品，如私密度假地等。

4.4.2.3 海岛文化旅游产品的开发

结合海岛生态与观音文化，满足国内外旅游者拜佛、修身养性的要求，求得一种心灵感应。普陀山海阔天空的岛屿景观与海天佛国的意境；普陀山幽谷与寺、庵、蓬的有机融合以及观音文化和山水审美的交响成曲，使普陀山自然与人文景观融合价值远远超过了单体单独的价值。因此，保护、恢复"海天佛国"的景观价值，发掘普陀山风景美学、科学价值，发展其科研、教育、游览和宗教等多种精神文化功能，让游客、香客感受人与人的和谐，人与自然的和谐，得到一种心灵满足。

挖掘海洋民俗文化内涵，在开发舟山锣鼓、岱山祭海等项目基础上，推出渔歌、佛歌和军歌系列产品，充实旅游区文艺表演内容，丰富游客的娱乐节目，扩大海岛旅游吸引力。开发文化主题旅游岛，打造"佛岛"普陀山、"沙岛"朱家尖、"侠岛"桃花岛、"渔岛"嵊山、"泥岛"秀山等一系列品牌岛屿，使文化意义上的舟山群岛与地理意义上的舟山群岛相互映衬，形成旅游意义上的"舟山群岛"品牌。

4.4.2.4 海山风光避暑疗养产品的开发

利用海岛冬暖夏凉、山丘垂直分布的气候特点，在黄杨尖、蚂蟥山、五雷山、对峙山等海拔相对较高的山丘，开展避暑度假、鸟瞰舟山群岛的海山风光游。

黄杨尖主峰海拔 503.6 米，是舟山岛的第一高山。山峰呈西北东南走向，如鱼背状排列，山脉相连。属于亚热带季风气候，地处海岛，具有海洋性气候特征，山上空气清新，负离子含量高，水质优良，是理想的避暑胜地。安期峰景区以峰、石为特色，寺、洞为主体，以山高、林密、石奇、洞幽著称，具有山青、水曲、石趣、峰奇、境幽、气爽的特点，北山道随势起步，沿涧筑路，沿途绿树蔽荫，凉风阵阵，是度假疗养的好去处。

4.4.2.5 战争史迹遗存海洋主题旅游产品的开发

舟山地扼我国南北要冲，长江三角洲的东大门，历来是兵家必争之地。历史上影响重大的军事活动有平倭战争、鸦片战争保卫战、日军侵占舟山和抗日游击战争、解放战争中的海上游击战争、中国人民解放军解放舟山的战争。历次战斗带给舟山创伤的同时，也使舟山的岛、礁、山附上了可歌可泣的史迹遗存，积淀下了深厚的历史底蕴。依托舟山自古为海防军事要地，海上征战屯聚重地，挖掘其历史脉络，开发追忆战争史旅游线，包括以竹山为依托的定海南部诸岛鸦片战争主战场史迹考察线，串联抗倭战争、清军攻克舟山、抗日游击战争及解放舟山之战役史迹遗存系列岛屿的寻踪游。

依托舟山群岛特定的区位优势，弘扬独特的东海海洋自然和人文资源优势，针对旅游市场发展的态势，整合环境资源、设施、主题项目以及服务、管理、购物、娱乐等多种元素，提炼出在感观上有冲击力，在内涵上有深厚文化底蕴的旅游产品，实现优美神奇的自然景观和多姿多彩文化内涵的最和谐的统一体，提升海岛旅游产品的吸引力，以吸引更多的旅游者来舟山旅游。

第5章 海岛旅游生态分析

5.1 海岛旅游环境承载力

5.1.1 评价指标体系的构建原则

评价指标体系是指由表征评价对象各方面特性来描述、评价某事物的可量度参数的集合。评价指标体系的目的是通过对原始数据的分析，进而获取相应的指标，旨在帮助人们判断、理解某个事物或某种现象随时间发生变化的程度。而旅游环境承载力指标体系是根据一系列相互制约、相互补充的独立指标因子统一构成的有机整体，是对旅游环境承载力进行数值表达的一种计量形式。对某一旅游区域建立一套完整的、科学的评价指标体系可以客观准确地反映出该旅游区域的环境承载力。所以，旅游环境承载力指标体系是研究旅游环境承载力的基础，同时也是旅游环境管理的主要依据。

海岛旅游环境是一个指标涉及面较广而且复杂的综合性系统。我国海岛数量多，各个区域的地理环境和自然条件迥异，在选择海岛旅游环境承载力评价指标和研究区域实际运用时既需要参照海岛的一些共同特征，还应兼顾相应区域的显著性特征，并对各指标进行筛选调整，从而建立适合本区域的旅游环境承载力指标体系，建立指标体系需要遵循以下几点基本原则。

5.1.1.1 科学性原则

旅游环境承载力评价指标体系首要遵循科学性原则。因为只有建立在科学的依据上，所选取的评价指标才具有明确的意义，能与旅游环境系统达到高度的动态一致性。它既能准确把握研究对象的内涵，又能够科学、客观真实地反映出事物的本质特征。

5.1.1.2 系统性原则

旅游环境承载力系统具有领域广的显著特点，它涉及自然、环境、社会等众多领域。因此，为了全面地反映旅游环境承载力的综合水平，必须对它们的结构、层次及其相互作用进行综合分析。评价体系可分为不同的层面、不同的子系统。

5.1.1.3 代表性原则

旅游环境系统的各个子系统无论是在内涵还是在范畴上都存在一定的差异。指标的选取应尽量全面真实地反映出事物的特征，在没有以偏概全的情况下，突出主要因素的影响作用。所以，选取指标时尽可能根据研究对象的特性有重点地筛选一些具有代表性的关键指标，使得这些代表性的指标能真实地反映出具体研究对象的客观属性。

5.1.1.4 可操作性原则

指标体系的建立在满足科学性和代表性的原则下，还要充分考虑指标可量化的难易程度和数据的可获得性。建立指标体系在保证可以全面反映旅游环境承载力各项影响因素的同时，又要尽可能地根据可以获取的数据资料，从中筛选出实用且可行的评价指标。

5.1.1.5 定性与定量相结合的原则

可量化指标通常可以通过数字精确反映事物状态及变化程度，指标的选择应尽量考虑这些可量化指标；但对于难以量化的事物可以采用定性指标，定性指标通常以文字形式粗略描述事物的状态及变化程度。采取定性和定量相结合的原则可以更全面地反映出事物的状态，也可以制定更加完善的评价指标体系。

5.1.2 海岛旅游环境承载力评价指标体系的构建

对评价指标体系的构建是旅游环境承载力评估最关键的环节，而且它与承载力测算结果的正确性和客观性息息相关。

5.1.2.1 评价指标体系的内容

鉴于旅游环境系统具有复杂性、综合性等主要特征，笔者从不同的层面角度研究旅游环境承载力，在深入研究单项承载力的基础上分析旅游地的综合承载力。笔者以生态学、环境学和可持续发展理论为依据，以海岛环境保护为重点，根据层次分析方法，分别从自然、经济、社会三个层面构建出具有对应层次的海岛旅游环境承载力评价指标体系，其结构如图 5-1 所示。

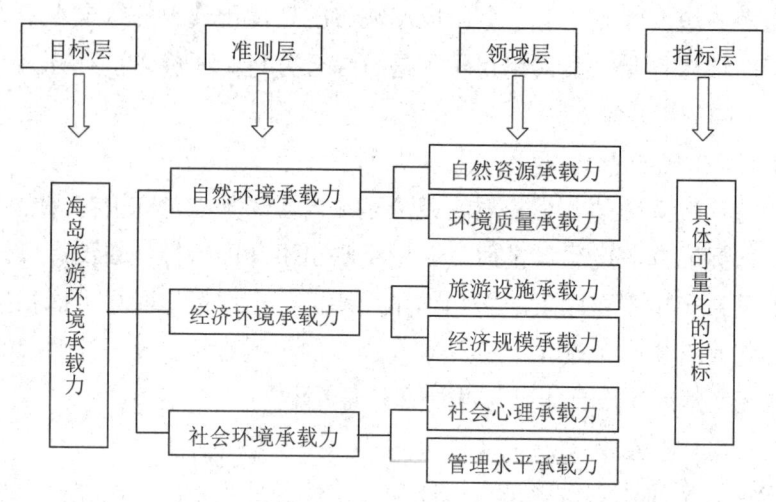

图 5-1　海岛旅游环境承载力指标体系结构图

根据层次分析法分析时，建立的层次结构模型主要是各种影响因素按照相互关联及隶属的关系分为不同的层级。同一层级的因素在受到上一层级因素的支配作用时，又对下一层级的因素起支配作用。本节层次结构图分为目标层、准则层、领域层和指标层四个层次。

（1）目标层

目标层，即研究问题的总目标，只包含一个因素。根据结构图可知，海岛旅游环境承载力即为本节所建指标体系的目标层。

（2）准则层

准则层是实现目标过程中所涉及的中间环节，它是目标层支配的下一个分目标层。本文准则层包括三个准则，依次是自然环境承载力、经济环境承载力和社会环境承载力，它们标志着海岛旅游环境承载力不同内部准则之间的差异。

（3）领域层

领域层是对相应准则层的进一步分解和描述。每个准则都含有一系列的子系统，而各个子系统又可分为不同的领域。本节分别建立自然资源承载力、环境质量承载力、旅游设施承载力、经济规模承载力、社会心理承载力、管理水平承载力六个领域。

（4）指标层

指标层构成了评价指标体系的基本框架，是实时动态调控时的可定量化因子。它是由一系列表征具体反映满足领域层的要求现状、评价系统是否达到最终目标要求的可统计量化指标。各个领域内都应尽量使用可量化的指标数据来表征该领域的特征属性。

5.1.2.2 评价指标的筛选方法

研究海岛旅游环境承载力主要以建立评价指标体系为基础，而指标体系的科学性和合理性直接关系到海岛旅游环境承载力评价最终结果的准确性。在遵循以上各项基本原则构建评价指标的同时，还需要根据实际具体情况加以分析确定研究方法，从而对评价指标进行筛选，力求准确、全面且真实地描述和评价海岛旅游环境承载力。

常见的指标筛选方法主要有理论分析法、频度统计法、专家咨询法等。理论分析法主要是基于对旅游环境承载力理论和概念的剖析，对其基本含义、特征、组成要素等主要问题进行综合比较，分析后筛选对研究对象具有针对性的指标；频度统计法则是根据已有研究成果，从中提取相关的评价指标体系进行统计分析，选取使用频率相对较高的一些指标；专家咨询法是在已初步提出对应评价指标的基础上，征询有关专家的意见并对指标加以调整。本节将综合运用以上几种方法来建立旅游环境承载力评价指标体系。

5.1.2.3 构建海岛旅游环境承载力评价指标体系

研究初步阶段主要采用频度统计法，即通过查阅相关研究文献，从中筛选出关于海岛旅游、生态旅游和环境承载力评价指标中出现频率相对较高的 26 个指标，然后采用专家咨询法，根据评价指标的构建原则，针对海岛旅游环境系统的自身特点和目前海岛旅游开发中存在的问题和矛盾，在咨询海岛旅游景区经营者、管理者和专家教授的意见以及建议的基础上，并考虑灵山岛旅游开发的实际情况以及数据的可得性与可操作性，最终形成的海岛旅游环境承载力评价指标体系，主要由 20 个指标构成（表 5-1），包含本次数据主要来源，其中部分数据具有时节性，如游客数量、海岛GDP、自然灾害等。

表5-1 海岛旅游环境承载力评价指标体系

目标层	准则层	领域层	指标层	数据来源
海岛旅游环境承载力 U	自然环境承载力 A_1	自然资源承载力 B_1	植物覆盖率（C_1）	遥感解译
			生物多样性指数（C_2）	搜集统计公报
			旅游土地利用强度（C_3）	搜集统计公报
		环境质量承载力 B_2	空气质量优良天数（C_4）	搜集邻近的环境监测站数据
			地表水水质（C_5）	现场调查采样分析
			自然灾害频度（C_6）	搜集统计公报
			固体废弃物处理率（C_7）	现场调查搜集资料计算
	经济环境承载力 A_2	旅游设施承载力 B_3	供水能力（C_8）	现场调查搜集资料计算
			交通工具运载能力（C_9）	现场调查搜集资料计算
			餐饮机构接待能力（C_{10}）	现场调查搜集资料计算
			住宿机构接待能力（C_{11}）	现场调查搜集资料计算
		经济规模承载力 B_4	海岛人均GDP（C_{12}）	搜集统计公报
			海岛GDP增长率（C_{13}）	搜集统计公报
			旅游收入占GDP的比重（C_{14}）	搜集统计公报
	社会环境承载力 A_3	社会心理承载力 B_5	旅游者与当地居民比率（C_{15}）	搜集统计公报
			游客感官满意度（C_{16}）	发放调查问卷
			游客进入便利度（C_{17}）	现场调查计算
		管理水平承载力 B_6	游客投诉率（C_{18}）	搜集统计公报
			旅游从业人员平均受教育程度（C_{19}）	搜集统计公报
			环保建设投入比重（C_{20}）	搜集统计公报

5.1.3 评价指标体系分析

旅游环境承载力系属一个综合性概念，它受不同的分量承载力指标共同影响。每一个评价指标都从不同侧面直接或者间接反映人类旅游活动对旅游环境系统的影响。所以，选择的指标应反映相应的旅游环境系统内一系列现状和预计发展程度。比如，自然资源的利用是否合理，生态系统是否为良性发展，经济系统是否高效运转，社会系统是否健康稳定。

5.1.3.1 自然环境承载力

自然生态环境的好坏关系到旅游业发展的基本物质条件是否满足需求。自然生态系统本身具有一定的纳污能力，如大气、水、土壤等生态系统都具有一定的自净能力，但这种能力不是无限的，超过一定的限度必然会引起环境质量的显著下降，同样的，超负荷的旅游经济活动会带来一系列的环境污染、生态破坏等方面的消极影响，而自净作用的强度决定了旅游区域的自然环境承受污染破坏的能力。自然环境承载力是指自然环境在保持内部系统可以正常运转的前提下，所能承受人类旅游活动作用的强度。自然环境中限制旅游活动的要素可分为有形和无形两种，同理可将自然环境承载力划分为对应的硬资源承载力和软资源承载力。硬资源指有形的实物资源，而软资源指无形的质量方面的资源，所以自然环境承载力可划分为自然资源承载力与环境质量承载力。

（1）自然资源承载力

自然资源是旅游开发的必要物质基础，但它能满足人类社会经济发展需求的能力是有限的。自然资源承载力是指在一定的社会经济技术条件下，旅游区域的自然要素资源（如土地资源、水资源、生物资源和能源资源等）对人们进行旅游经济活动的支撑能力。自然资源承载力的大小主要取决于资源的数量、种类以及资源的利用方式等。

（2）环境质量承载力

环境质量承载力系指在特定的空间条件下，以维护生态良性循环和可持续发展为前提，旅游地环境质量对旅游活动的支持能力的限度。影响旅游地环境质量的主要因素包括大气质量、水体质量、环境噪声、土地质量和自然灾害等。环境质量承载力在很大限度上取决于人类的生产活动方式和环境质量标准，所以，提高环境质量承载力的有效方法是合理地控制人们的生产、生活方式。

5.1.3.2 经济环境承载力

旅游地的经济环境是旅游业发展最根本的保障，它直接决定了旅游活动的收益和成本。成熟、完善的经济结构能较好地应对旅游环境的各种变化，从而提高旅游地对旅游活动的承受能力，有助于实现旅游活动收益和成本两者之间平衡的最优化。经济环境承载力是指在一定时期内，旅游地的经济发展水平所能承受的旅游活动强度。它主要包括旅游设施承载力和经济规模承载力。

（1）旅游设施承载力

旅游设施承载力包括旅游基础设施和旅游服务设施软、硬两方面的承载力。旅游基础设施承载力主要包括旅游地的供电、供水、供气能力以及通信等基础设施的供给能力；旅游服务设施承载力是旅游服务业在住宿、餐饮、交通、购物和文化娱乐等方面的接待能力。旅游地基础设施、服务设施的完善程度会以直接或者间接方式影响旅游服务质量、旅游者的满意度和旅游地的可进入性等方面。

（2）经济规模承载力

经济规模承载力是指在一定区域内，旅游地的社会经济发展程度对旅游活动的限制强度。与旅游地的经济发展条件相关的直接因素主要有旅游项目投资、旅游产出、旅游地的 GDP 水平、旅游产业占据的比重、旅游业带动系数等。

5.1.3.3 社会环境承载力

旅游地的社会环境主要涵盖了旅游地的习俗文化、居民对旅游业所持态度、游客满意度、旅游地的管理水平和政策法律的完善程度等方面。社会环境承载力是指在发生不可接受的社会负面影响之前，该旅游地所能承受的旅游活动的最大强度。它主要包括社会心理承载力和旅游地管理水平承载力。

（1）社会心理承载力

社会心理承载力可划分为游客对旅游活动的心理承受能力和当地居民对旅游活动的心理承受能力两个方面。游客心理承载力是指某一地区在一定时间内维持一定水准给旅游者使用，且不会破坏环境或者影响游客游憩体验的开发强度，它主要由旅游者的社会文化背景（如年龄、性别、种族、社会经济地位和教育背景等）和游客感官满意度决定；旅游地居民的心理承载力则是指旅游地居民对于旅游活动引起环境和生活方式改变所能接受的最大旅游开发程度。它由旅游地居民的主体特征（如年龄、性别、文化程度、收入等）和居民参与旅游业的密切程度决定。社会心理承载力在实际操作中很难用定量方法进行计算，所以一般通过问卷调查及现场访谈的形式获得。

（2）管理水平承载力

管理水平承载力是指根据某旅游地的管理水平对于旅游地实现旅游经济发展目标的承受能力。当旅游活动强度超出旅游地管理水平的承受能力，会导致旅游系统出现混乱状态，直接影响旅游业的环境、经济和社会等效益。管理水平的高低与旅游地的社会经济因素和管理方式等密切相关，其主要表现在管理体制、方法和目标是否与旅游地的实际发展水平相匹配。

5.1.4 评价指标的具体解释

本节基于指标的构建原则对六个子系统筛选出 20 个具体的统计和监测指标共同构成科学合理的评价指标体系。其中一部分指标数据可以从海岛地区历年统计年鉴上直接获取，有些指标则是经过计算或者野外调查获得，对于各层指标的具体含义和计算简要说明如下。

（1）植物覆盖率

植物覆盖率是反映旅游地现存植被的丰富度和绿化状态的重要指标。植物覆盖率 = 旅游地植被覆盖面积 / 旅游地土地总面积 × 100%。

（2）生物多样性指数

生物多样性指数主要反映生态系统的总体多样性、稳定性和变异性，它是指生态系统内物种的种类和数量占整个区域物种数量的比例，生物多样性指数越高，表明该旅游地的生态系统越稳定，能够承受旅游活动的强度相应地就越大。本节主要以海岛地区的海洋生物种类作为衡量生物多样性指数的具体指标。

（3）旅游土地利用强度

旅游土地利用强度是反映旅游活动规模空间大小的指标，旅游土地利用强度 = 旅游开发建设用地 / 居民用地面积。其可通过旅游局统计资料获取具体数据。

（4）空气质量优良天数

大气质量是主要反映旅游地大气污染状况的指标。可以根据我国《环境空气质量标准》（GB 3095-2012）获得旅游区域的环境空气质量评价标准。

（5）地表水水质

水体质量主要反映水质受污染的情况。可以根据我国《地表水环境质量标准》（GB 3838-2002）对水质的要求获取地表水水质状况。

（6）自然灾害频度

自然灾害频度是指旅游地因自然事件或非人为力量造成生命伤亡和人类社会财产损失的事件次数。

（7）固体废弃物处理率

固体废弃物处理率主要反映了在旅游活动过程中旅游地对旅游者产生的固体垃圾进行处理的能力。

（8）供水能力

供水能力主要反映旅游地在水资源方面的供给能力，主要指标包括旅游地年供水总量和人均供水量。

（9）交通工具运载能力

交通工具运载能力主要衡量旅游地道路的交通状况以及交通工具的种类和数量。其主要以海岛旅游区内的道路等级和旅游车、船的数量及航班次数等数据信息加以确定。

（10）餐饮机构接待能力

餐饮机构接待能力衡量了旅游地接待旅游者生活饮食的能力，可以通过海岛旅游区内餐饮机构和服务人员数量以及饮食卫生质量做定性和定量分析。

（11）住宿机构接待能力

住宿机构接待能力是衡量旅游地所能提供游客住宿的能力，可通过区域内宾馆数量、总床位数以及设施设备等情况具体量化确定。

（12）海岛人均GDP

海岛人均GDP是衡量海岛地区经济发展状况的具体指标，其数据可通过旅游局统计资料获取。

（13）海岛GDP增长率

海岛GDP增长率是衡量海岛经济发展水平的指标。一般采用统计局的数据。

（14）旅游收入占 GDP 的比重

旅游收入占 GDP 的比重主要反映旅游业在国民生产中的发展水平及地位。旅游收入占 GDP 的比重 = 旅游业总收入 /GDP（国内生产总值）× 100%。

（15）旅游者与当地居民比率

旅游者与当地居民比率主要反映当地居民可以承受的旅游者接待数量，旅游者与当地居民比率越高，对当地社会文化的冲击越大。旅游者与当地居民比率 = 旅游者的总人数 / 当地居民总人数 × 100%。

（16）进入便利度

进入便利度是用于反映旅游地与外界连通程度的指标。其主要根据旅游区域内的交通路线和交通工具使用情况确定。

（17）游客感官满意度

游客感官满意度是衡量旅游者心理满意度的重要指标，可以通过游客满意度问卷调查获取。

（18）旅游投诉率

旅游投诉率是反映旅游业管理水平状况或者是旅游者对旅游区服务质量满意程度的指标。游客投诉率越低，表明旅游地对旅游业的管理水平就越高。

（19）旅游从业人员平均受教育程度

旅游从业人员平均受教育程度是反映旅游当地居民文化素质的具体指标。该指标值是通过对不同学历人群进行加权量化计算获得。

（20）环保建设投入比重

环保建设投入比重反映了旅游地对环境保护的重视程度。环保建设投入比 = 环保财政投入 / 国民生产总值 × 100%。

5.1.5 指标标准化及权重确定

承载力涉及因素多样复杂，评价选取的指标单位和数量级因存在明显的差异，无法进行直接比较。因此，在进行综合评价计算时要先消除原始值的量纲影响。而指标对评价目标的贡献性质不同，指标数据处理所采用的方法也不同，一般分为正、负向性两种情况。本节对指标的原始值预处理方法如下：

正向性指标：$Si=di/di'$；负向性指标：$Si=di'/di$

其中，Si 表示标准化后的指标值；di 表示指标现状原始值；di' 表示指标理想状态值。

一般压力指标采用负向性指标处理方法，支持力指标和交流类指标采用正向性指标处理方法。

（1）权重

权重是反映评价因子间相对重要程度的重要指标，即反映了评价因子间的相对重要性，目前，权重的确定方法有多种，其中常用的方法主要有专家评分法、德菲尔法、经验公式法、熵值法、层次分析法、SWING 法等。这几种常见方法里，层次分析法是最常见的一种方法，它是将所有评价因子分成多个层次，对每一个层次都分别确定其权重。在层次分析法的应用过程中，只需要进行指标因子间的两两比较，从而避免了同时对多个评价指标的相对重要性都进行评分，进而降低了专家对评价结果的主观影响。因此，它一定程度上提高了模型的准确性和科学性。

（2）模糊集

由于人的主观意识往往带有模糊性，没有明确的界限。针对这一问题，美国加利福尼亚大学的 Zadeh 教授于 1965 年创立了模糊理论（Fuzzy Set Theory）。模糊理论是一项主要研究和处理模糊性现象的数学理论，因而也被称为"模糊数学"，人脑可以利用模糊信息或是一些不完整的资料，而且不需要经过复杂的计算，就能做出正确的判断，模糊理论正是受此启发而逐渐发展起来的。它侧重强调人类的思维、推理以及对周围事物的认知，其概念都是比较模糊的，而且该理论所描述的模糊性是隶属程度上的一种不确定性。经过近五十年的发展和改进，模糊理论已经成功地应用于军事、医疗、管理、地矿、生物、天气预报、信息处理、人工智能等多个领域。在我国，模糊数学的研究与应用同样也取得巨大成绩，很多研究成果已处于世界领先地位。模糊技术的应用不单为科学研究提供了一种更先进的方法理论，更是显现出巨大的生产力，在认识世界、改造世界的实践活动中扮演着越来越重要的作用。

模糊集（Fuzzy sets）作为模糊理论的基础，它不同于普通集合，因为它超越了传统精确集合论中"非此即彼"的理论前提，而是用"亦此亦彼"的理念来描述、处理不确定性繁荣问题。例如，体型胖瘦问题、质量好坏问题、顾客满意度问题等。

在经典集合论中,元素 x 与集合 U 之间的关系只有两种可能:包含关系和不包含关系。用特征函数表示如下:

在模糊集合论中,元素 x 与集合 U 之间的关系不同于经典集合论中的"包含"与"不包含",而是用隶属度来表示:假设给定一个论域 U,U 到 [0, 1] 闭区间中任意一个映射 $(x):U→[0, 1]$ 使得:

$$\mu(x):x \to \mu A(x)$$

得到论域 U 上的一个模糊子集 A,μA 叫作 A 的隶属函数,$\mu A(x)$ 就叫 x 对应于 A 的隶属度。

若隶属度 $\mu A(x)$ 越接近于 1,则表示因素 x 对集合 A 的隶属程度越高;反之,若隶属度 $\mu A(x)$ 越接近于 0,表示因素 x 对集合 A 的隶属程度越低。隶属度的确定方法有许多种,常用的有模糊统计法、专家评分法、二元对比排序法等。

(3) 模糊关系矩阵

与模糊集合相对应,模糊关系也有别于普通集合中的普通关系。普通关系往往在定义划分形式上是非常明确的,如 A 与 B 是母子关系,C 与 D 是师生关系等,但在现实生活中,各种不明确的划分关系更是广泛存在,如 E 与 F 长相很相似,G 与 H 精细程度相当等。我们将这种具有不确定性的关系称为模糊关系。在模糊集合中,引入了隶属度的概念来表示元素属于集合的程度大小,在模糊关系中,我们也用位于闭区间 [0, 1] 内的数来反映元素属于模糊关系的程度。

设 A 和 B 都是论域上的有限集合,$A=(a_1, a_2, \cdots, a_i)$,$B=(b_1, b_2, \cdots, b_n)$,模糊关系 $A \times B$ 用 R 表示,则有

$$A \times B = R$$

其中,$0 \leq r_{ij} \leq 1$,r_{ij} 表示集合 A 中第 i 个元素 a_i 隶属于集合 B 中第 j 个元素 b_j 的程度。

5.1.6 旅游环境承载力评价等级标准的确立

确定海岛旅游环境承载力的评价标准后,通过这个标准评价指标是否超过阈值,对影响指标确定一个统一的标准在海岛旅游环境承载力的综合评价中至关重要。

本节在结合相关研究的基础上,根据国家对旅游区的环境质量和旅游行业的相关标准,在咨询相关专家基础上将海岛旅游环境承载力各项指标的阈值划分为四个等级,其中Ⅰ级(弱载)表示海岛旅游环境系统还有巨大的承载空间还有开发空间;Ⅱ级(适载)表示海岛承载力刚好合适;Ⅲ级(轻微超载)表示海岛旅游承载力已经轻微超过允许的承载范围,得引起注意,需要进行合理规划;Ⅳ级(超载)表示海岛旅游环境承载力达到极限,可能或者已经对环境造成影响,需要尽快限制其旅游规模。评价标准见表5-2。

表5-2 旅游环境承载力评价等级标准

准则层	领域层	指标层	单位	指标等级 Ⅰ	Ⅱ	Ⅲ	Ⅳ
自然环境承载力	自然资源承载力	植物覆盖率	%	≥ 65	45~65	25~45	≤ 25
		生物多样性指数	%	≥ 35	25~35	25~25	≤ 15
		旅游土地利用强度	%	≤ 5	5~20	20~35	≥ 35
	环境质量承载力	空气质量优良天数	-	国家一级标准	国家二级标准	国家三级标准	大气污染严重
		地表水水质	-	国家Ⅰ类水标准	国家Ⅱ类水标准	国家Ⅲ类水标准	国家Ⅳ类水标准
		自然灾害频度	次/年	< 1	1~5	5~10	> 10
		固体废弃物处理率	%	≥ 90	75~90	60~75	≤ 60

第 5 章 海岛旅游生态分析

续　表

准则层	领域层	指标层	单　位	指标等级 Ⅰ	Ⅱ	Ⅲ	Ⅳ
经济环境承载力	旅游设施承载力	供水能力	升/人·日	≥ 70	50 ~ 70	30 ~ 50	≤ 30
		交通工具运载能力	万人/年	≤ 30	30 ~ 35	35 ~ 40	≥ 40
		餐饮机构接待能力	平方米/人	≥ 10	6 ~ 10	3 ~ 6	≤ 3
		住宿机构接待能力	平方米/人	≥ 20	15 ~ 20	10 ~ 15	≤ 10
	经济规模承载力	海岛人均 GDP	万元	≤ 2	2 ~ 4	4 ~ 6	≥ 6
		海岛 GDP 增长率	%	≤ 8	8 ~ 15	15 ~ 20	≥ 20
		旅游收入占 GDP 的比重	%	≤ 10	10 ~ 15	15 ~ 20	≥ 20
社会环境承载力	社会心理承载力	旅游者与当地居民比率	%	≤ 2	2 ~ 5	5 ~ 10	≥ 10
		进入便利度	-	可进入性很强，便利度	可进入性强，便利度高	可进入性一般，便利度较差	可进入性差，便利度差
		游客感官满意度	分	> 90	75 ~ 90	60 ~ 75	< 60
	管理水平承载力	旅游者投诉率	次	< 5	5 ~ 8	8 ~ 10	> 10
		旅游从业人员平均受教育程度	-	总体文化水平较低	总体文化水平一般	总体文化水平较高	总体文化水平高
		环保建设投入比重	%	≤ 5	5 ~ 15	15 ~ 25	≥ 25

5.2　海岛旅游生态承载力

1992年，加拿大生态经济学家William等提出生态足迹模型，该模型由Mathis等加以完善，并提出以土地为单位的评估方法。旅游生态足迹的概念最早由Hunter提出。它把旅游过程中，旅游者所消耗的资源和产生的废物用土地的面积进行衡量。

有许多研究是关于利用旅游生态足迹来研究海岛生态承载力的。孙元敏等通过生态足迹模型结果表明，湄洲岛的旅游业处于不可持续发展状态，对其他区域的资源环境造成了不利影响。应鼓励短途旅游和低碳出行，采取有效措施降低能源消耗，确保海岛旅游的生态化和可持续性。袁仲杰等研究表明，大连旅顺口区的旅游生态足迹为盈余状态，所以该地区的旅游资源仍可以进一步挖掘。杨亦民等认为，张家界旅游为不可持续状态，因为其生态足迹逐年增加，生态赤字越来越严重。李俊峰和聂朝俊认为，总旅游生态足迹、总旅游承载力和总旅游赤字都呈缓慢的增长趋势，而生态足迹指数和生态压力指数都反映出了贵州省森林公园旅游发展处于不可持续状态，但2012年后这种不可持续状态逐年有所缓解。

但是，由于无居民海岛条件相对较少，关于无居民海岛的生态承载力的研究相对比较少。Nam等采用能值的理论来评价韩国西南海岸无人居住岛屿生态承载能力，研究结果表明，海岛生态承载力水平主要来源于海岛生态系统的能值大小。涂振顺和杨顺良从环境纳污能力、资源供给能力和人类支持能力三个方面构建无居民海岛生态承载力评价指标体系，并根据不同海岛的社会结构差异来调整模型，为无居民海岛定位、规划目标的确定提供参考。但是，其没有通过实例验证该模型是否可行。

生态足迹在很多领域得到广泛应用，但一般来说，无居民海岛的面积非常小，无法提供足够的淡水资源、土地资源、粮食、电力和废弃物的处理能力，所以针对无居民海岛的生态承载力，尤其是旅游承载力方面的研究非常少。针对钦州无居民海岛的现状和规划，主要能源与资源、废弃物处理可以通过大陆提供。本节对生态足迹模型加以改进，构建了无居民海岛旅游承载力的计算模型，并以华南地区钦州的七十二泾为例，计算并分析了该无居民海岛的旅游生态承载力。本节为该地区无居民海岛的开发提供借鉴,同时丰富生态承载力的理论和应用。

5.2.1 材料和方法

七十二泾位于广西壮族自治区钦州市钦州开发区西北部,茅尾海的出海口,距钦州市区约 20 千米。区域无居民海岛共 98 个,总面积 4.16 平方千米,海岸线总长 79.6 千米,滩涂面积 2 平方千米。海岛区域整体上坡度较大,环岛区域地势陡峭,坡度基本在 30% 以上。海岛地区的土壤主要为赤红壤,成土母质为砂页岩;土壤成酸性,pH 值为 4.5 左右。原生植被遭破坏殆尽,目前除部分马尾松疏林外,多为散生矮小马尾松和岗松、鹧鸪草为主的稀树灌草丛,覆盖度约为 70%。土层浅薄,土层中含有较多的半风化砾石,尤其是坡顶或坡脊处。

5.2.1.1 无居民海岛旅游生态足迹模型(TEFM)

无居民海岛的生态足迹,是指无居民海岛内所有的游客和服务员共同消费的资源,并把产生的废弃物兑换为生物生产土地的总面积。由于无居民海岛的服务员和旅游者在消费行为和消费特点上显著不同,所以在计算时应分别对待。考虑到无居民海岛的部分资源可以由大陆提供,废弃物可以送到大陆处理,所以每个足迹模型都有两种模型,一是无居民海岛自给自足,二是大陆全方位服务。

(1)餐饮 TEFM

餐饮 TEFM 有三个部分组成:第一,餐饮设施面积;第二,食物消费的生物生产面积;第三,提供餐饮服务的能源消耗面积。本节假设游客的餐饮消费食物量等均与钦州当地居民相同,钦州居民的人均每日生活食物消费量等资料从 2015 钦州统计年鉴上获取。餐饮 TEFM 为:

$$\mathrm{TEF}_1 = \sum S + \sum_{i=1}^{n} \frac{N \times D \times C_i}{P_i} + \sum_{j=1}^{m} \frac{N \times D \times E_j}{r_j}$$

式中:S 为各类社会餐饮设施的建筑用地面积;N 为旅游者人次数;D 为旅游者平均旅游天数;E_j 为游客人均每日消费 j 种能源的消耗量;r_j 为世界上第 j 种能源的单位化石燃料生产土地面积的平均发热量;C_i 为游客人均每日消费第 i 种食物的消费量;P_i 为与第 i 种食物相对应的生物生产性土地的

年平均生产力。

（2）住宿 TEFM

住宿 TEFM 包括两个方面：第一，为游客提供住宿的各种不同档次的宾馆等的建筑面积；第二，宾馆等提供的制冷、照明、电视等服务的能源消耗。其主要数据可通过调查获得。住宿 TEFM 为：

$$\text{TEF}_2 = \sum_{i=1}^{n}(S_i \times N_i) + \sum_{i=1}^{n}\frac{N_i \times C_i \times K_i}{r}$$

式中：N_i 为第 i 个宾馆具有的房间数；S_i 为第 i 个宾馆平均每个房间的面积；C_i 为第 i 个宾馆单个房间的能源消耗量；K_i 为第 i 个宾馆年平均客房使用率；r 为使用单位化石燃料所需要的土地面积。

（3）交通 TEFM

交通 TEFM 包括两个方面：首先是旅游交通设施的占地面积；其次为游客往返所产生的能源消耗，包括在景区内部交通的能源消耗。交通 TEFM 为：

$$\text{TEF}_3 = \sum_{i=1}^{n}S_i + \sum_{j=1}^{m}\frac{N_j \times C_j \times D_j}{r}$$

式中：S_i 为第 i 个交通设施的面积；N_j 为选择第 j 种交通工具的游客人数；C_j 为第 j 种交通工具的人均单位距离能源消耗量；D_j 为选择第 j 种交通工具游客的平均旅行距离；r 为世界上单位化石燃料生产土地面积的平均发热量。

（4）娱乐 TEFM

娱乐 TEFM 包括两个部分：其一，为游客提供娱乐设施的建筑面积；其二，在运行这些设施的过程中，实际消耗的能源对应的土地面积。娱乐 TEFM 为：

$$\text{TEF}_4 = \sum_{i=1}^{n}S_i + \sum_{j=1}^{m}\frac{K_j \times C_j}{r}$$

式中：S_i 为第 i 类休闲娱乐设施的建筑用地面积；C_j 为第 j 种娱乐休闲的能源消耗量；K_i 为第 i 种娱乐休闲的平均使用率；r 为单位化石燃料生产所需的土地面积。

（5）观光 TEFM

观光 TEFM 包括三个部分，分别为各类景区内的观景空间用地面积、游览步道用地面积和公路的用地面积。观光 TEFM 为：

$$TEF_5 = \sum_{i=1}^{n} P_i + \sum_{j=1}^{m} H_i + \sum_{k=1}^{l} V_i$$

式中：P_i 为第 i 个旅游景区观景空间的用地面积；H_i 为第 i 个旅游景区内游览步道的用地面积；V_i 为第 i 个旅游景区公路的用地面积。

（6）购物 TEFM

购物 TEFM 有两个部分组成：一是用来销售商品的面积；二是商品（纪念品）在生产和运输过程中所需的建筑面积及其耗能折算的面积。购物 TEFM 为：

$$TEF_6 = \sum_{i=1}^{n} S_i + \sum_{j=1}^{m} \frac{N_j \times C_j}{g_j}$$

式中：S_i 为第 i 种旅游商品销售的面积；N_j 为第 j 种商品的数量；C_j 为该商品在生产和运输过程中所需的建筑面积及其耗能折算的面积；g_j 为生产该商品地方土地的年均生产力。

所以，总的旅游生态足迹（TEF）为：

$$TEF = \sum_{i=1}^{6} TEF_i = N \times tef$$

式中：N 为游客人次数；tef 为人均旅游生态足迹需求。

5.2.1.2 无居民海岛旅游生态足迹的生态评估与需求

（1）基于生态足迹的无居民海岛生态承载力

一个地区农业或绿化等所有能够生产的土地面积的总和，即为该区域的生态足迹供给。所以，无居民海岛的生态足迹总供给（EFS）模型如下：

$$EFS = \alpha \times [\sum_{i=1}^{6}(r_i \times m_i) + \sum_{j=1}^{n} \frac{(I_j - E_j) \times r_j}{p_j}]$$

式中：m_i 为各类生产性土地的面积；I_j 和 E_j 分别为第 j 种消费项目的年进口数量和出口数量；p_j 为该类商品的平均生产能力；r_j 为生产项目 j 的土地均衡因子；α 为折算系数。根据世界环境与发展委员会的报告，至少要留出 12% 的土地面积用以保护区域内的生物多样性，所以本节选取 α 为 0.88。

（2）生态需求

无居民海岛的生态需求与其他普通地区的生态需求一致，即当一个地区的生态足迹大于生态承载力时，其差值就是生态赤字；否则，该差值就是生态盈余。一般来说，出现生态赤字时，为了生态平衡，需要从外界进口资源，即生态需求，其数值等于该地区的生态需求。

5.2.1.3 数据来源

数据的主要来源有：

（1）2015年钦州统计年鉴。

（2）2016年广西统计年鉴。

（3）钦州市河、湖、海、岛总体规划。

（4）2016年，空间分辨率为1 m的高清卫星照片，来自网络。

5.2.2 结果分析

5.2.2.1 生态供给

七十二泾岛内所能够提供的生物生产土地总面积，就是该海岛群的生态足迹总供给（表5-4）。

表5-3　七十二泾旅游规划的生态足迹总供给

土地类型	总面积 (hm²)	均衡因子	产量因子	均衡面积
耕　地	0	2.8	1.65	0.00
林　地	173.17	1.1	0.91	173.34
草　地	115.45	0.5	0.19	10.97
海洋、水域	600	0.2	1	120.00
化石能源地	0	1.1	0	0.00
建筑用地	127.32	2.8	1.66	591.78

5.2.2.2 旅游生态足迹消费

（1）旅游餐饮

本节假定旅游者在七十二泾餐饮食物消费量和能源消费量同广西居民

人均日消耗量相同。根据全球食物的年平均生态生产力与土地的使用类型、广西统计年鉴、单位化石燃料生产所需的土地面积折算系数，可以得出人均旅游餐饮生态足迹 3.50×10^{-3} hm²。规划年均接待 100 万人次，即需要 3 500 hm²。

（2）旅游住宿

按照规划，高端度假酒店用地 33.52 hm²，度假村用地 45.86 hm²，住宿设施能源消耗为电力，全球平均能源足迹为 1 000 GJ/hm²。宾馆的总面积为 79.38 hm²，则能源消耗的足迹为 426.83 hm²，所以旅游住宿的生态足迹是 506.21 hm²。

（3）旅游交通

七十二泾距离海岸线很近，规划建有多个大桥与大陆相连，游客可以通过从邻近的陆地直接上岛，因而旅游交通的生态足迹主要考虑无居民海岛内部和海岛之间。按照规划，道路用地 29.41 hm²，能源消耗的化石能源地生态足迹总量 87.28 hm²，旅游交通的总生态足迹为 116.69 hm²。

（4）娱乐

按照规划，岛上的娱乐场主要为国际邮轮码头，用地面积为 3.10 hm²。限于规划中，没有明确其他娱乐设施设备，故其他部分忽略不计。

（5）游览观光

七十二泾为全域旅游开发模式，除各种设施、道路和建筑用地总面积 127.32 hm² 以外，其他均为休闲娱乐用地，即观景空间的面积为 288.62 hm²，再加上道路用地 29.41 hm²。所以，休闲娱乐的生态足迹为 318.03 hm²。

（6）购物

由于规划中尚未对游客购物情况进行规划，所以考虑广西居民人均日消耗量，参照南澳岛旅游购物人均生态足迹，即 8.75×10^{-4} hm²。规划年均接待 100 万人次，即需要 875 hm²。

（7）旅游生态足迹

综上，按照规划，七十二泾旅游生态足迹为 5 319.03 hm²。

5.2.2.3 无居民海岛旅游承载能力评估

通过前文计算得出，七十二泾旅游规划的游客生态足迹总和为 5 319.03 hm²，生态供给为 788.56 hm²，则生态赤字为 4530.47 hm²，生态赤字量是当地能够提供生态足迹的 5.75 倍。所以，规划建成以后，七十二泾无居民海岛的旅游生态足迹远超过实际生态承载力。因此，该旅游景区建成以后，将会对生态环境产生影响，不容忽视。

5.2.3 讨论

由于大型有居民海岛面积比较大，与大陆具有一定的相似性，故而研究相对较多。涂振顺和杨顺良从环境纳污能力、资源供给能力和人类支持能力三个方面进行构建无居民海岛生态承载力评价指标体系，并考虑不同区域海岛的社会差异构建指标数据的调整模型，为无居民海岛功能定位和发展目标确定提供具有可操作性的技术方法，但其没有通过实例验证。

本章与相关研究相比，修正了一些假设条件，结果更具有实用性。本章研究表明，七十二泾旅游规划的旅游餐饮生态足迹为 3 500 hm^2、旅游住宿生态足迹为 506.21 hm^2、旅游交通生态足迹为 116.69 hm^2、休闲娱乐生态足迹为 3.10 hm^2、游览观光生态足迹为 318.03 hm^2、旅游购物生态足迹为 875 hm^2，游客总的生态足迹总和为 5 319.03 hm^2，生态供给为 788.56 hm^2，则生态赤字为 4 530.47 hm^2，生态赤字量是当地能够提供生态足迹的 5.75 倍。与王晶等关于无居民海岛旅游生态足迹研究相比，在 6 个子系统中的旅游住宿、旅游交通、休闲娱乐和旅游购物等 4 个子系统的模型加以改进和完善，更能体现无居民海岛的特色，所以结果更加真实、可靠。

由于旅游活动和旅游消费涉及面广，在现实中存在很多的不确定性，如游客的消费水平与环保意识、旅游旺季游客数量的控制等，所以本章的旅游生态足迹模型有待进一步改进。在以七十二泾为例的计算过程中，受到现有资料的影响，其结果与实际情况相比，存在误差，如旅游交通等的生态足迹都忽略不计，造成了生态足迹的数据偏低。本章为该地区无居民海岛的开发提供借鉴，同时丰富生态承载力的理论和应用。

第6章 海岛旅游开发模式

6.1 乡村游

海岛乡村旅游发展及其自身的特点，姜中伟在《基于差异化战略的舟山乡村旅游产品双导向发展研究》中，对乡村旅游和乡村旅游产品概念的阐述及舟山旅游发展的分析，提出了海岛旅游开发的思路及应该注意的问题。

6.1.1 相关概念界定

6.1.1.1 乡村旅游

20世纪90年代，欧盟与世界经合组织把乡村旅游归纳为"产生在农村的旅游行为"。这个定义太简单宽泛，仅说出了乡村旅游发生的地方，对于客体、资源情况都没有讲述。所以，许多研究者尝试由各个视角对乡村旅游的定义展开填补。比如，我国研究者杜江等（1999）由供给与需求层面展开划定乡村旅游定义：以乡村的自然景观、饮食文化等作为提供的旅游产品，将城市人作为服务对象，满足游客体验、娱乐、参与等一系列需求的一种旅游方式。研究者何景明经过对乡村旅游的探究指出，乡村旅游的内涵应当涵盖两方面：一为乡村旅游产生的区域，二为乡村旅游的中心招引介质。邹统钎（2008）与何景明的观点相似，也是从乡村旅游发生的地域和乡村的乡土性这两方面定义乡村旅游的内涵。外国研究者 Bramand Lane（1997）则从乡村旅游行为形式论述，其提到乡村旅游不仅应涵盖农业文娱行为，还应包括自然观光活动、健身活动、民俗民风体验活动等多层次旅游方式。Nilsson 则从生活方式方面与城市对比，总结乡村旅游就是将不同于城市的乡村物品商品化，对其进行包装出售，乡村旅游是代表乡村思维方式的一种生活方式的体现。

6.1.1.2 乡村旅游产品

无论是传统旅游产品还是新兴的旅游产品，逐渐呈现出游客期望更多地参与到旅游活动中的态势，乡村旅游也逐渐向这个态势发展。因此，乡村旅游地正在策划创新让游客既可以观赏也可以参与的乡村旅游活动，让游客可以亲身参与到其中，给游客带来一次愉悦、休闲、难忘的体验。

乡村旅游产品为旅游行为的关键介质，是探究乡村旅游发展的重要客体，没有产品，乡村旅游行为便难以进行。从乡村旅游产品所包含的项目角度出发，并根据游客在项目中的体验程度将乡村旅游产品分为以下几种。

（1）田园观光型旅游产品

该类型是乡村旅游最基础的旅游形式，就是以农村和渔村的自然、人文景观、建筑、民风民俗为依托，吸引游客来观光游览。自然乡村环境，如"采菊东篱下，悠然见南山""小桥流水人家"等，适合开发为田园风光型产品的乡村景点有果园、菜园、乡村奇石小路、古居民建筑、手工艺品等。对于该类项目可发展的乡村旅游方式有风景游、古镇观赏游、农业观赏游等。

（2）休闲娱乐型旅游产品

该类型的产品主要依托乡村农舍、特产，主要提供给游客吃农家饭、住农家屋的浅层次体验。游客可以品尝乡村生态无污染的特产，可以享受乡村的清新自然环境，也可以参加农村的劳作活动。

（3）参与体验型旅游产品

参与体验型旅游产品一般涵盖农业感受、手工艺品制作、农业常识问答等。该类型与以上两种最大的不同是强调游客的参与性和主动性。当前，乡村旅游产品的发展一般为吃、住等低层级时期，供给旅游者的仅为观光等浅层感受。现在参与型旅游产品注重游客的体验，让游客深度参与其中，从中获得乐趣、认知、教育和回忆。

（4）综合型旅游产品

综合型指的是旅游产品不只是一种类型，它既包括观赏型又包括参与型，如浙江海洋大学的研究生在南洞艺谷开展旅游调研，不但领略了农村景致，还着手摄像与练习，由浅至深。

众所周知，产品有差异才能有市场，才能在同行业中占有一席之地。差别化所追逐的是为消费者供给项目的"唯一性"，也就是在项目职能、服务、思想、品质等层面是其他人难以复制的。因此，海岛乡村旅游产品开发的差异化，首先要进行市场调研、营销手段创新、市场划分等准备，也就是从顾客导向方面来进行研究。

6.1.2 海岛乡村旅游发展思路

6.1.2.1 充分调研海岛旅游资源状况

按照国家旅游局发放的旅游资源分类、调查及评价标准，对海岛区域的旅游资源进行普查，在此基础上梳理海岛旅游资源的特色。

6.1.2.2 谋划产品的构成及布局

上面提到乡村旅游产品的三层级模型，即核心层产品、形式层产品、附加层产品。对于海岛的乡村旅游产品构成不妨按照三层级模型进行分类。第一，找准核心产品的依托，如舟山通过发掘人文内涵、培养竞争力，发展一系列"一岛一品""一户一特"的乡村景点，使自身的旅游产品拥有特质。第二，健全服务体系，如政府除了完善各种公共服务设施，也在积极通过旅游项目规划、旅游活动推销、服务质量提升等几方面吸引更多的游客；旅游组织给旅游者供给一连串的旅游服务。例如，接送游客、景点介绍、安排食宿等；店家给旅游者供给高水平的服务，使旅游者体验宾至如归的感受。第三，创新营销手段，营销网络主要是以顾客为导向，根据顾客的需求实施差异化战略，给顾客提供差异化需求，给游客更多的满足感，如引入目前关注度极高的微信平台。第四，形成特色分区，根据各自区域的自然与文化特色，打造每个区域，形成差异化。

6.1.2.3 优化岛屿乡村旅游产业形态构成

乡村旅游业对产业的交互联结与交互拉动有着重要作用。结合地方乡村旅游发展理念实现乡村旅游业的有序提升。制定乡村旅游产业科学发展策略，构建产业链网络，推动舟山乡村产业结构优化，将海洋资源转化为旅游资本，将渔民转化成第三产业人员，推动第二产业向第三产业转化。

在发展乡村旅游产业时，也从顾客导向角度出发，以尽可能为顾客提供优质服务为出发点，充分推进农村基本配套构建、医卫场所构建、服务系统构建。把美丽的海洋风景、渔农村人文供给旅游者。可看到乡村旅游业一同涵盖了第一产业、第二产业与第三产业，已生成了巨大的产业链。这种产业形态的构成是相辅相成的，具有脆弱性，如果哪一环节断了，就会影响到其他环节正常运行。所以，在岛屿乡村旅游业开发时，我们应合理剖析，可连续运转，有序进步。

6.1.3 海岛乡村旅游发展策略

6.1.3.1 突出文化差异化

在现今旅游地可供选择，资源极其丰富的形势下，从顾客导向出发，如果旅游者认为该旅游地具有独特的魅力与旅游价值，那该旅游地所有的资源才有机会实现价值的最大化。海岛蓝天是渔农村旅游的一个普遍性的资源，它所承载的海洋文化更是优势资源，这正是吸引游客的核心旅游产品。从竞争者导向差异化角度考虑，就要区分与各个海边城市的共性，突出每个渔村所承载的独特文化。

海岛文化遗产本身所特有的可以给生活在海岛的人们带来多种多样的文明、文化及社会生活，同时也使海岛能够"长命百岁"。在现实生活中，长期受海岛文化遗产的熏陶，海岛上的人们找到了宣泄及依附自己情感的方法。比如，信奉观音、崇奉妈祖、渔民唱的歌谣、民间流传的小曲等。通过让游客进入渔村，让他们体验渔农村的原真性，感受独特海洋文化信仰的魅力。此外，长期居住在海边的居民主要靠农盐及捕鱼谋生，靠着海边建筑池塘以阻挡海潮的袭击，建筑堤坝并排干内部的水来种植粮食和棉花，用卤水晒盐，捕捉鱼和贝壳，不仅把种植粮食及棉花当作自己的生存之本，还把捕鱼和晒盐当成了生存之源。而渔民出海打鱼，不仅要了解当天的气象、风向、海浪情况，还要了解并熟习涨潮及退潮的时间，这样长期以来，渔民凭着自己的出海经验，把每天潮涨及潮落的时间编成了歌谣在世间流传，以便后人能够熟习涨潮及退潮的各种情况。在海岛上的人们世代相传的所有有关渔业经营的谚语，都是渔民对自己在实际生活中的经验的总结。所以，这些谚语可以指导渔民如何捕鱼，如何观察天气及海上情况。比如，"早西晚东风，晒死河底老虾公""过立冬，鱼无踪"，这都是海岛居民操作海洋、了解天气的依据。

6.1.3.2 突出服务特色

乡村旅游作为旅游类型之一，其产品的呈现方式从本质上来讲就是服务，且始终贯穿于核心层产品、形式层产品及附加层产品之中。通过提供特色化服务来达到海岛乡村旅游产品差异化的目的。而我们应该着重从旅游者、消费过程、服务品质及过程等方面去实现服务差异化。其一，服务人员服务特色化。海岛乡村旅游的工作人员基本上是居住在那里的渔民，从渔民转变成服务人员，他们很难扭转自己的角色思想。所以，必须加强对渔民的训练，以排除他们对新角色的顾忌，树立服务作风，加强服务观念，提升服务质量。相关政府及部门应该制订详细的训练计划，借助自己已有的和别人的培训中心，归类培训，为渔民创造学习、沟通、考察的机会。也可以聘请一些国内外旅游专家专为海岛讲解一些有关旅游的知识内容，主要包括旅游观念、旅游鉴赏能力、旅游文明和旅游服务知识。唯有加强对渔民的旅游训练，才能改变他们的观念，提高他们的认识，使他们踊跃提升自己的旅游知识，从而使渔民乡村的旅游事业经久不衰。其二，消费过程特色化。伴随着产品质量日渐相似，服务相互区别的地方也日渐缩小，并且极易被效仿。但是，如果站在客户的立场上，就不难发现客户消费的特性了。消费过程的特色化从根本上讲就是客户特有的品性在消费过程中的表现。消费过程差异化最主要的一点就是客观环境的不同，即在客观条件下存在的物质的区别。

6.1.3.3 注重品牌差异化

乡村旅游品牌的作用是识别自己的产品和服务，并且把自己的产品和服务与别人的产品和服务划分开的一种称号、术语、标志、图标、策划或者是其全部的结合。品牌差异化不仅囊括了品牌定格和品牌表象差异化，而且还包含了品牌的图标策划差异性和品牌推销差异性等。

（1）品牌符号设计差异化

品牌是乡村旅游的无形资源。市场逐渐完善，其比拼的角度从具体的物质产品逐渐过渡到抽象的品牌。乡村旅游与渔业、海洋、海岛挂钩，并突出所在地所承载的文化底蕴。旅游品牌图标的策划是对品牌辨认体系的直观化。一个完美的旅游品牌图标，能够让消费者对产品各方面的内容一见钟情，而且过目不忘。所以，海岛的乡村旅游产品在最初就要策划一个能够表达产品成长角度及价值取向的图标。

（2）品牌形象差异化

我们可以使用下面的方法来实现品牌形象或表象的差异化。

第一，领先定位法。适宜于具有独一无二的形象，如"桃花岛"就是将该岛的特色与金庸的小说挂钩，赋予桃花岛神秘色彩，使桃花岛与周围海岛产生了形象差异化。

第二，依附定位法。这指的是利用有名望及同种类型的旅游基地来吸引游客的注视，如利用乔家大院的"晋中的民间故宫"、深圳的"人在笼中、动物在笼外的野生动物园"、可可西里的"神秘的高原无人区"等。

第三，空隙定位法。这是一种新式的乡村旅游区域定位法，它有新鲜及明晰的特性、表象奇特、开发新的表象层次或特色主旨的特点，如对南岳衡山"长寿之山"的定论，就使用了空隙定位法，从原有的"五岳独秀"定论上升到"中华寿岳"的定论，使南岳成了中华民族名副其实的"长寿之山"，人们祈祷的寿地，实现了品牌创新、资产增加、构造调动、经济繁荣的目标。

第四，重新定位法。即进一步更改创新之前的定位，如位于湖南省益阳市的澄江县，由之前的"洞庭湖之乡"改称"湖乡人家，农家天堂"，使"农家之乐"旅游项目和休闲娱乐活动收到了意想不到的效果。

（3）品牌营销差异化

如今，我国所有城市郊区附近都在费尽心思地开发乡村旅游项目，争抢游客演变得越来越强烈。因为对所在地的文化脉络、旅游条件及游客群体的源头缺乏深度周密的考察剖析，所以在开设旅游景点时盲目追寻"大而全、小而全"及单枪匹马。旅游景区大同小异，没有独到之处，市场秩序一片错乱。而那些农户家自开的景点，单凭自己的口头宣传及发布传单维持生活。所以，我国应该学习欧洲那些兴盛国家的乡村旅游项目开发策略，景区间团结协作，变成一致和谐的效益市场。比如，舟山自2005年以来就举办了八届全国海洋文化节，每年都会举办南沙国际沙雕节。

6.1.3.4 注重产品层次差异化

海岛独有的人文景观是招揽游客的重要原因，因而深层次的挖掘观光者的需要及要求，正确及精准地掌握该旅游景区的重点魅力，形成明显的概念意识，是海岛乡村旅游产品开发的核心。

（1）形式层产品差异化

乡村旅游项目的建立与完善是以自己独特的色彩为根本，以与其他乡村旅游服务的区别为推动成长的力量。乡村旅游服务的提供要维持自己原有的色彩，突出显示自己独特的色彩，展现自己的本色，而不是把乡村生活打造成另一种城市生活。对于岛屿乡村旅游产品来说，要从顾客导向角度出发，打"特色"牌。比如，特色渔家风情和特色渔农村文化等。

（2）附加层产品差异化

附加层产品是农村旅游项目建立完善到某种程度且经营范围可观的情况下才会产生的属性，它指的是由相关部门及组织对乡村旅游项目提供的营销和网络服务。乡村旅游本身所具有的特征限制了其经营规模不会太大，开发者可以掌握及运用的有关旅游的经营方法及条件也不多。所以，岛屿的旅游项目只有在营销及网络服务上表现出不同，才会摆脱成长过程中的各种束缚。各个旅游景区可以建立互联网站，并且在互联网站上依据各种功能归类，以方便旅游观光者通过查询网站来找到自己所需的内容，还可以提前预约。各个景区的经营者也可以借助于互联网站互相沟通，交流经验，团结协作，如一起在网上举办团购促销活动等。

6.2 渔业游

渔业旅游是滨海旅游的主要形式之一，余韶华《舟山渔农家乐休闲旅游业可持续发展研究》一文，对渔业理论相关概念进行了综述，并对舟山渔业游的发展思路及策略进行了详细分析，为海岛渔业游的发展提供了借鉴。

6.2.1 相关概念界定

6.2.1.1 休闲渔业

目前，国内学术界对于休闲渔业尚无统一的概念，不同国家对于休闲渔业的概念又有所区别。在日本以及中国普遍认可的是江荣吉教授给出的关于休闲渔业的概念，即利用渔村设备、空间、场地、渔法渔具、产品、经营活动、自然生物、自然环境及人文资源，经过规划设计，以发挥渔业于渔村休闲旅游上的功能，增进国人对渔村与渔业之体验，提升旅游的品质，并提高渔民的收益，促进渔村的发展。其中的重点渔村旅游，含义相对广泛。随着休闲渔业的发展，国内学者也都给出了自己的定义，虽然表述不一，各有侧重，但其基本思想还是相同的，见表6-1。

表6-1 国内学者对于休闲渔业的定义

学　者	休闲渔业的定义
林洪民（1999）	休闲渔业基本上是不以获得渔业生产利益为目的，而在于通过游客参与性活动，获得身心愉悦，锻炼身体，增加胆识，增长见识，普及自然科学知识的渔业旅游活动，也称之为娱乐性渔业
王茂军（2002）	休闲渔业或称娱乐渔业，是在大都市周边地区和间隙地带，以渔业活动为基础，与人们的休闲生活、休闲行为、休闲需求（物质的和精神的）密切联系，与现代旅游相结合的新型交叉产业，包括观光渔业、游钓业以及水族馆产业等
张广海（2004）	休闲渔业，又称旅游渔业，是根据市场需求，以海洋渔业或内陆淡水渔业活动为基础，将旅游与渔业有机结合的一种新型的交叉产业，包括垂钓渔业、观光渔业以及水族馆等多种产业形式
蔡学廉（2005）	休闲渔业是渔业发展中的新领域，是集渔业、科学普及、旅游观光、健身娱乐休闲为一体，是一种通过对渔业资源、环境资源和人力资源的优化配置和合理利用，把现代渔业和休闲、旅游、观光及海洋与渔业知识文化的传授有机地结合起来，实现第一、第二、第三产业的相互结合和转移，从而创造出更大的经济效益和社会效益
勾维民（2006）	休闲渔业是常规渔业与现代旅游业相结合形成的新的交叉产业。是水产产业链向旅游业延伸并与之相耦合，以渔业生产者为主体，以渔业综合经营为依托，以休闲娱乐为载体，以体验性消费为特征，以渔业综合价值增进为目的的一种新型商业水产开发
柴寿升（2007）	休闲渔业又称娱乐渔业，是一种依托渔业设备与空间、渔业生产场地、渔业产品、渔业经营活动、渔业自然环境与人文资源等发展起来的，与人们的休闲生活、休闲行为、休闲需求（物质和精神）密切联系，与现代旅游相结合的新型交叉产业
扬子江（2007）	以体验经济的视角将休闲渔业定义为以水产品、水生生物和渔业工艺为道具、以渔业服务和渔文化为舞台、以提供"三渔"体验作为主要经济提供品的渔业经济门类或形态

结合国内外学者的概念界定，笔者将休闲渔业定义为利用休闲渔业区域内的各项硬件设施，结合渔业自然环境、人文环境、宗教信仰等软件设施，规划设计休闲渔业空间，向旅游者提供渔业体验的一种新型业态。

6.2.1.2 海岛休闲渔业

海岛休闲渔业由于开展的内容和场所的不同可以分为内陆地域范围内

的休闲渔业和沿海地区的休闲渔业。一些学者对于海岛休闲渔业给了定义，孙怡（2009）认为，海岛休闲渔业是在海洋的周边范围内，以海岛渔村自然风光和活动作为吸引物，把城市居民作为发展的重点，在满足游客娱乐求知的基础上，以回归自然为目的的出游方式。张广海（2012）认为，海岛休闲渔业是把渔业和可持续发展相结合，以自然资源和人文资源为吸引物，把城市居民作为目标市场，增加游客的体验性，满足他们的休闲娱乐需求，最后获得经济社会和生态效益的产业形式，具有渔本性、体验性和功能多元性的特性。董志文（2011）根据海陆距离的远近，将其分为滨海、海岛、远海以及远洋休闲渔业四种类型。

笔者认为，海岛休闲渔业的主要特点是在海岛地域范围内以休闲渔业的设施、空间、生产、资源与环境为吸引物，来满足旅游者旅游需求的旅游形式。

6.2.1.3 发展模式

发展模式是发展的目标、方法、途径的统一体，实质上是发展的主体主动作用于客体，使客体向着预期的方向转变，最终达到主体目标的一种中介手段。

模式是解决一些典型问题的答案，是已经研究过的较好的案例，海岛休闲渔业的发展模式就是提供了一个在海岛地域范围内解决一系列休闲渔业发展问题的核心方案，是对现象和经验的高度总结，其中每一种模式都有其存在的意义，能够为解答同类型的问题提供建设性的意见和建议。模式的研究在休闲渔业的发展中有举一反三的作用。海岛休闲渔业的发展模式是指海岛依据自身特色所选取的休闲渔业的发展战略和运行方式。

6.2.2 海岛休闲渔业发展思路

6.2.2.1 科学规划旅游产业发展的空间布局

根据所在地经济社会发展的总体规划，结合经济社会发展规划和对岸线、海滩、海湾、海岛、海洋生物以及海域等资源的普查、分类整理和开发评价，规划旅游产业发展的空间布局。例如，舟山翔安区旅游产业在空间上实行布局"一心二带三区"。"一心"：滨海生态新城文化商务中心区，即发展滨海生态新城文化商务区中心，增强区内基础设施建设和城区城市品位。"二带"："蓝带"即蓝色滨海闽风走廊，通过加强海洋文化旅游开发，对海洋民俗资源进行系统整合，将海洋文化、闽南文化资源融入旅游开发建设中，通过旅游项目策划、旅游产品组织、旅游纪念品设计、旅游节庆活动等多方面展现出来，变无形的资源为有形的产品；"绿带"即绿色山水生态走廊。"三区"：一是南部海岛购物休闲度假片区，重点发展滨海度假旅游、海洋观光旅游、海岛旅游、海上运动旅游、海洋文化主题公园旅游，同时着手培育开发潜水、垂钓、海底观光等旅游产品；二是中部香山宗教文化旅游片区；三是北部山地康体休闲度假区。以休闲旅游产业为重点，打造高端休闲度假旅游品牌，把旅游业发展成为我区重要的新兴产业，努力把翔安建设成为海峡西岸特色旅游购物、闽南传统文化体验和滨海休闲度假目的地。

6.2.2.2 找准休闲旅游产业发展的定位

（1）高品位开发海岛旅游

第一，多元化开发海岛旅游产品。区分海岛的旅游发展定位，形成多元化、差异化的开发格局。以海岛休闲度假为主要发展方向，整合海岛资源进行全面开发，着力发展海岛休闲、观光购物、休闲娱乐、度假体验等服务型产品，进一步着眼于开发滨海观光、滨海休闲、海洋文化、浪漫海滩等集于一体的旅游产品。

第二，高起点开发海岛度假旅游。提升海岛景观，定位高端旅游度假市场，高品位规划、高起点建设，引进海岛游艇旅游、游艇赛事等高品位的度假旅游，带动海岛旅游开发，配套完善休闲疗养、商务会议、水上游乐等功能，加快度假酒店、旅游码头等旅游服务设施建设。

第三，加强保护，合理开发海岛旅游。海岛环境比较脆弱，要控制海岛旅游开发型破坏，减少游客活动的影响。划定生态敏感区，明确适建用地、可建用地、慎建用地和禁建用地等用地分类和范围，对海岛旅游开发进行科学引导和规范。

（2）陆岛旅游互动整合

第一，陆岛连接多元化。引进多种陆岛连接方式，如水上（游船、快艇、皮艇、游艇、摩托艇、水上自行车等）、水下（潜水等）、空中（水上滑翔、水上热气球、水上飞机等）等，开发多功能海上旅游航线和主题海上游览航线，构建立体陆岛交通网络。

第6章 海岛旅游开发模式

第二，海上交通休闲化。实现旅游码头的全面覆盖，注重旅游码头的旅游功能、商业服务功能和交通功能的结合；打造海上游乐运动、游艇游船服务等配套游乐产品，实现休闲娱乐功能、商业价值功能与传统的水上交通功能的有机结合，使得交通休闲化、娱乐化。

第三，旅游方式国际化。引进邮轮、游艇、帆船、游船等国际热门旅游交通工具，建设游艇码头、邮轮港口，配套建设商业设施、休闲娱乐设施等综合服务设施，形成邮轮经济区、游艇经济区等特色经济区，积极与国际接轨。同时，要主动与厦门本岛和周边地区互动对接，优势互补，彰显特色，连点成线，共赢发展。

6.2.2.3 合理制定旅游产业发展的目标

根据区域休闲渔业旅游的发展现状、发展方向及不同时段发展重点、全国旅游发展趋势，规划休闲渔业旅游发展阶段，设定近期、中期、远期。

（1）近期目标

该阶段的工作重点首先是聘请专门机构编制休闲渔业发展各类规划等，并报政府审批，审批通过后严格执行相关规划，进行规划性开发建设。在政府的主导与监督下，全面整治岛屿自然环境，开展基础设施与旅游设施建设，营造休闲渔业旅游发展的良好环境氛围。另外，市场初步启动、形象初步打造，使区域休闲渔业旅游起步发展并在厦门市及周边地区有一定的知名度。

（2）中期目标

该阶段的重点是进一步优化翔安区休闲渔业旅游发展环境、观光景点提质、休闲度假氛围营造、基础设施建设的完善与提升、形象的全面打造与推广、市场培育与拓展。

（3）远期目标（2021—2025年）

这个阶段的重点是调整充实，完善提升。深化规划项目和格局，加强辐射，形成区域旅游网络，形象进一步打造与确定，实现形象定格，品牌的宣传与促销，成为省域直至全国岛屿旅游知名品牌。在市场开发方面，积极寻找新的市场，防止市场衰退；在项目建设方面，更新过时项目，开发市场新的需求项目。

6.2.3 海岛休闲渔业发展策略

6.2.3.1 市场策略

市场策略即企业处在错综复杂的市场环境中，为实现其制订的营销目标，针对市场可能发生或者已经发生的情况或问题所做的全局性的策划。它关系到企业能否生存、能否发展、能否盈利，是不可或缺的关键因素。企业要注重市场的重要性，要有专门的市场部门进行市场分析和调研，不断开拓新市场寻找潜在客户。要开拓多渠道的销售模式，不断提升企业的竞争力，使企业在复杂的竞争中立于不败之地。

岛屿休闲渔业旅游的市场潜力还是很大的，主要是发掘区域渔业资源优势、区域发展优势、游客支撑优势，这是开拓市场强有力的基础。当前的市场营销策略主要突出绿色营销、个性化营销、创新性营销等营销方式。绿色营销就是体现环境保护意识，给消费者提供无污染、节约能源的商品和服务，如天然的紫菜、海蛎、海带。个性化营销主要是通过调查市场动向和消费者需求，为顾客提供个性化的要求与服务，顾客根据自己的需求来要求商品的性能，企业则根据顾客的要求来生产产品，这是主动的市场营销策略。比如，DIY自助式海上体验旅游，顾客可以通过网络或电话提前预约，如海上垂钓、海上烧烤、海上帆船抑或是海上看金门等，让商家提前准备并提供优质服务。而创新营销则是企业发展能否成功的关键所在，企业如果能抢在别人之前淘汰旧有的产品，研发出新的别人没有的东西，时刻把自己定位为新思路的开拓者。比如，文昌鱼中华白海豚、中国鲎等珍贵海洋物种，以此为平台开发集休闲、观赏、体验等为一体的休闲保护基地，让更多的人了解这些物种，并参与到保护的行动中，不仅有很大的市场潜力，而且是很有意义的公益事业。

6.2.3.2 产品策略

产品策略即企业对其所生产和经营的产品进行的全局性、长远性的谋划。它与市场战略关系紧密，是企业市场营销战略的重要基础。企业要生产出销路好、物美价廉、竞争力强的产品，赢得消费者，占领市场，获得经济效益。企业要及时把握产品的引入期、成长期、成熟期、衰落期等几个周期，不断开发新产品，实现产品的更新换代。

岛屿休闲渔业旅游的产品策略要注重新产品的开发，它在企业的经营战略中有着十分重要的作用，它是全新的产品、更新换代的产品、改进的新产品等，对市场发展有着深远的影响。领先型开发的新产品，这是独创性开发的新产品。比如，利用现有的渔业资源、贝壳、鱼骨等开发渔业文创产品，让消费者购买到在其他地方无法看到的产品，最大限度地吸引消费者的购买欲望。追随型开发的新产品，这种方式侧重于学习周边其他地区的好经验、好做法，并结合自身实际开发出自己特有的新产品，而不是简单的一味模仿。比如，原先的紫菜干、海蛎干都是传统的粗加工贩卖，现在通过引进深加工工艺，做成有包装、有品牌的产品，价格是原来的两三倍，销路也跟着上去，实现渔民不增产也能增收。还有一种是多样性开发的新产品，这是产品实现多渠道销售的发展方向，也是企业打开市场的有力武器，一个只有单一产品的企业是无法立足于竞争激烈的市场环境中的。比如，开发出观光车环岛游、海上钓鱼体验、种植采摘紫菜海蛎、体验渔家风情等，消费者上岛后不再是单一的吃一顿饭就走人，很多人会想留下来住一晚，体验感受渔家文化。

6.2.3.3 品牌策略

品牌的英文单词是"brand"，美国市场营销协会认为品牌是一种名称、术语、标记、符号或者设计，或是它们的组合运用，其目的是辨认某个销售者或者某群销售者的产品或服务。休闲渔业品牌是通过对休闲渔业品牌形象的设计，运用一系列的传播媒介进行宣传，打响知名度，吸引消费者来休闲、娱乐、观光，以提高休闲渔业的市场竞争力。打造休闲渔业旅游的品牌策略，要通过保护现有的渔业资源，充分挖掘地方的人文与自然特色，开发休闲渔业项目，传播渔业文化知识，把更多的消费者吸引进来，真正地放松身心，不仅提高经济效益，同时达到社会效益与经济效益的统一。

海岛休闲渔业品牌策略要突出"鱼文化"品牌，这是中华民族几千年来的传统文化之一，它是我国渔民生产、生活形象生动的写照。"鱼文化"之所以是发展的基础，主要是它体现了捕、养、食到赏鱼的传统文化，尤其是现代社会发展日新月异、复杂多样，我们不能只开发单一的产品，要把消费者的需求区分为不同层次，进行个性化的品牌服务。要最大限度地保留原始的渔家气息，如渔家器具、渔民的生产方式和民俗气息，而不是一味地追求城市化，以单一的标准来发展品牌，那就会变成千篇一律、毫无特色。要拿出几个最具特色的、能吸引游客而又过目不忘的"鱼文化"品牌，这是原汁原味的翔安的东西。"鱼文化"品牌的精髓在于以精神性的引导和引领，让人们更多地从精神上获得愉悦和体验，这是休闲旅游的最高境界，也是休闲渔业旅游应该达到的最高层次。

6.3 休闲体育

休闲体育也是近年的热门旅游方式，赵广宇《基于SWOT的海岛地区休闲体育旅游发展研究——以舟山为例》一文，对休闲体育相关概念进行了综述，并对舟山休闲体育游的发展思路及策略进行了详细分析，为海岛休闲的发展提供了参考。

6.3.1 相关概念界定

6.3.1.1 休闲体育

"休闲是一切实物环绕的中心"，休闲将人类从繁重的劳动中解放了出来，它是自由的，是可支配的。休闲是对余暇时间的利用，对生活的补充。顾名思义，休闲体育便是人们利用自己空余的时间，为了达到健身、娱乐等目的所进行的体育活动。笔者认为，休闲体育便是人们在进行体育活动的同时，能够达到强身健体，身心愉悦的目的。休闲体育与竞技体育最大的区别就在于参与人群，他们不需要经过专业的选拔、指导与训练，不以打败对手从而体现自我价值为目标。因此，其参与基数是庞大的。随着体育事业在国际上的快速发展，越来越多的人接触到了这一产业。随着北京奥运会的成功举办，我国提出了"全民健身，全民体育"，推进了传统竞技体育向休闲体育的转变。

6.3.1.2 体育旅游

张建平认为，体育旅游是体育和旅游相结合的产物，指人们在余下时间为达到返璞归真、释放压力、寻求刺激、健身等多种目的，在一定的自然环境中，从事以体育项目为内容的旅游活动。体育旅游中的体育项目大多富含着休闲元素。随着人们健身运动意识的不断增强，体验型消费观念的形成，体育旅游在旅游产业中扮演着举足轻重的角色，这是一个全新的发展方向。通过体育带动旅游发展，又通过旅游吸引更多的人进行体育活动，两者相辅相成，有机结合，相得益彰。体育旅游从一定角度可分为参赛类体育旅游与观赛类体育旅游两种形式。参赛类体育旅游是指以参加体育竞赛为主要目的而进行的旅游活动。例如，参加马拉松，自行车，滑雪，帆船，高尔夫等赛事。观赛类体育旅游是指以观看体育赛事为目的而进行的旅游活动。例如，观看足球，篮球，赛马，滑冰等赛事。20世纪80年代，全球掀起了徒步旅游、骑自行车旅游、登山旅游等主题旅游热潮，体育旅游也成为一种时尚。世界旅游业的发展将这波浪潮带到了中国。自1994年来，我国体育旅游收入以30%～40%的速度增长。

2001年，国家旅游局将旅游主题定为"体育健身游"以及2008年北京奥运会的成功举办，极大地推动了我国体育旅游产业的发展。体育旅游是一个全新的领域，虽然在中国起步较晚，但在如今的时代背景下，有很好的发展前景。

6.3.1.3 休闲体育旅游

休闲体育旅游并不是休闲体育和体育旅游两者叠加而成，笔者认为，休闲体育旅游是指人们为达到休闲的目的通过体育而进行的旅游活动。因此，休闲是主体，体育是载体，旅游是客体，三者并不是单一的要素，而是有机的融合，其发挥的作用远远大于三个部分的相加。同时，休闲体育旅游是体育产业与旅游产业相互穿插、相互碰撞所产生的新的领域，是一种新的生活方式。休闲体育旅游不仅促进了体育项目的推广，更激励着新的旅游产品产生。

6.3.2 海岛休闲体育旅游发展思路

6.3.2.1 科学制定发展目标

岛屿发展休闲体育旅游应根据目前旅游产业总体发展趋势，分析旅游和体育产业发展情况，参考区域旅游及体育相关发展规划，确定休闲体育旅游发展的总体目标及旅游产品开发、体育旅游公共服务体系构建、产业经济发展目标，形成目标发展体系。

6.3.2.2 构建休闲体育旅游产品体系

形成以海岛休闲度假为核心的旅游产品体系，由观光旅游向休闲、娱乐、度假旅游方向发展。舟山休闲体育旅游产品开发目前还处于起步阶段，应作为旅游业发展的重点大力支持；打造围绕体育运动精品赛事的竞技体育新常态，做精特色项目，突破弱势项目；舟山应该建立一个包括沙滩度假、海岛生态游以及游艇俱乐部、海上垂钓等休闲体育旅游项目在内的具有海岛特色的旅游体系。

6.3.2.3 完善体育旅游公共服务体系

在"十三五"规划期内，打造海洋体育休闲生活圈，为群众提供内容丰富、形式多样的体育健身服务。增强社会体育指导员的培训，提高休闲体育锻炼科学化和信息化水平；提升全市经常参加体育锻炼的人数比例，科学健身指导服务体系进一步健全；增加人均体育场地面积，鼓励公共体育设施和公办学校体育设施对外开放；建立各类独立法人资格的体育社会组织（包括体育总会、各单项体育协会等）。完善包括休闲体育旅游信息咨询服务体系、休闲体育旅游安全保障服务体系、休闲体育旅游交通便捷服务体系、休闲体育旅游便民惠民服务体系、休闲体育旅游行政服务体系等休闲体育旅游公共服务体系。

6.3.2.4 促进体育产业与旅游产业的融合发展

推动体育产业与旅游产业融合，将旅游业发展成为舟山国民经济的主导产业，增加产业投资规模；达到体育产业增加值的年均增长速度明显高于同期经济增长速度；在国民生产总值中的比重逐步增加；搭建滨海运动休闲业、竞赛表演业、场馆服务业、海洋休闲运动用品业、滨海休闲旅游等业态丰富、布局合理、产品多元、层次多样化的体育产业体系。

6.3.3 海岛休闲体育旅游发展策略

6.3.3.1 发展重点体育赛事，打造特色体育项目品牌

目前，已开展的休闲体育旅游项目中，具有较高吸引力的是各类国际赛事。如何可持续地举办这些赛事，将这些赛事打造出具有舟山特色的品牌成为一大重点。随着体育产业的影响力不断扩大，体育产业在旅游业的发展道路上起着极大的推动作用。许多体育旅游爱好者会选择参与到一项自己热爱的体育赛事或活动中，并在活动之余在举办地或是附近逗留，去当地的旅游风景区或是度假村游览观光，体验当地的自然风光，了解当地的风土人情。因此，在目前这些重点项目的发展上可以注入一些民俗元素，对独特的民俗休闲体育项目进行开发推广，配合传统的休闲体育项目，吸

引游客的眼球。

6.3.3.2 开发休闲体育项目，丰富休闲体育项目类型

随着人们对体育锻炼的重视，举办体育赛事也成为吸引游客进行休闲体育旅游最好的方式。因此，岛屿可结合自身的资源特色配合设置一些娱乐项目，如海上表演、摩托艇表演等和自由活动区，如马拉松、自行车、沙滩排球、沙滩足球、露营等。

6.3.3.3 加大体育旅游投入，增强体育旅游宣传力度

体育旅游产业的发展、旅游品牌的打造、大型赛事的举办等都离不开资金的投入，在政府资金不足的情况下，可以鼓励民营企业以赞助冠名的形式，让企业也参与到体育产业、旅游产业中去。另外，对于休闲体育旅游产品的开发，应该采取"政府购买、项目补贴、委托生产"等形式，鼓励和支持相关单位、组织、协会或个人；在休闲体育旅游体育基础设施建设中，政府应该积极给予津贴补偿和经济帮助，加大设施的建设、改造、运营与管理的资金投入；鼓励体育产业的创新与融合，加快形成体育产业经济发展的新形态。促进休闲体育旅游向信息化、智能化发展；鼓励手机应用程序（APP）、微博公众号、微信公众号等互联网及自媒体平台的开发与应用。

6.3.3.4 专业人才的引进与培养，对安全知识的普及

专业人才的引进与培养是体育旅游产业可持续发展的保障。做好退役专业运动员或退伍兵引进与安置就业工作，针对运动员或退伍兵的专业特长，进行继续教育和转型培训，将其专业知识注入旅游产品运行和开发中去。例如，将退伍兵转型成户外拓展培训员，利用其户外拓展知识和经验对客户进行指导和培训；安排自行车、田径或帆船等退役运动员到自行车、马拉松或帆船等大型赛事组织中去，退役运动员可在赛前对参赛者集中组织技术培训，在赛后为参赛者提供恢复放松服务。通过专业运动员的技术和经验支持，可大大提高赛事的举办效率，为赛事成功的举办打下良好的基础。制定出台体育人才引进政策，完善对人才的选拔、培训、继续教育等工作，推进对知识的更新，鼓励人才参与休闲体育旅游项目的研究、创新、开发。加强区域之间人才的交流合作，借鉴他们的资源优势，积极寻求合作，探索新项目的开发，以此达到共赢的目的。

6.3.3.5 优化休闲体育旅游服务，增加休闲体育旅游配套活动

根据调查问卷统计数据分析，发现不同的消费群体对体育旅游产品的满意度、不同的年龄结构对体育旅游的目的是不同的。体育旅游产品的开发不仅服务于低消费的人群，活动组织方必须考虑到高消费的人群。在举办活动时，如举办马拉松、自行车等赛事时，可以设置 VIP 名额，对于这类人群提供特殊的增值服务，如设置 VIP 休息区，赛后奖励限量纪念品，专车接送等服务。

根据数据统计，针对不同年龄对参加体育旅游的目的不同、体育旅游者参与伙伴的选择这两个问题，笔者提出增加配套活动。在活动之余，可以针对年轻人设立拍照留念，游戏得奖等活动；针对年纪相对较大的游客，做养生知识的宣传，健身产品的推广等活动；还可以增加一些亲子游戏，投篮机等互动环节。另外，公开赛事举办目录，向社会公开赛事承办权，搭建体育赛事申办管理平台，由政府主办的公益性体育赛事活动逐步采用政府向社团、企业购买服务的形式办赛办活动。

6.4 农家乐

农家乐作为最原生态的旅游发展方式，经久不衰。杨建《海岛农家乐旅游转型升级研究——以舟山为例》一文，对农家乐相关概念进行了综述，并对舟山农家乐的发展思路及策略进行了详细分析，为农家乐的发展提供了参考。

6.4.1 相关概念界定

6.4.1.1 农家乐

农家乐，指我国乡村旅游的一种表现形式，是农民向都市人群提供的一种回归自然，从而获得放松身心、愉悦精神的新兴休闲旅游方式。近几年来，我国众多学者对"农家乐"休闲旅游做了大量研究，但对其概念的定义和认识有各自不同的见解。就目前而言，田喜洲在《论"农家乐"旅游经济》一文中给出的定义相对较为全面，他从狭义和广义两个层面予以阐述，狭义的农家乐就是我们平常所说的农家乐，指农户以周边景区及田园美景等自然资源为依托，

利用自家院落、池塘、花果园，为游客提供观光、休闲和购物，并现场体验和感受农村生产生活，领略民俗风情和文化；广义的农家乐则指整个农业的范畴，包括农业、林业、畜牧业、渔业及相关产业。笔者结合田喜洲的概念，认为"农家乐"休闲旅游就是农户抓住都市人群"回归自然"的心态，利用自有和自然两种资源，以农家生产生活、乡村风情、农村文化等为吸引点，为游客提供集观光、休闲、娱乐、体验于一体的新型休闲旅游活动。

6.4.1.2 渔农家乐

渔农家乐的概念是基于沿海、沿江和沿河地区的特定称谓，实际上是广义农家乐的分支，具有农家乐休闲旅游的一般特性。因此，笔者所界定的"渔农家乐"休闲旅游的含义是指在浙江舟山群岛等渔农村地区，具有海洋海岛自然景观特色和渔农村乡土文化特点的旅游产品和休闲旅游活动。具体来说，是依托海岛地区渔农村特有的空间环境，以独特的自然景观、生态环境、文化风俗、渔业或农业生产活动等为旅游资源，具备观光游览、体验参与、休闲度假、美食购物等多功能的旅游活动。

6.4.2 海岛农家乐发展思路

结合岛屿旅游发展定位，以游客观光、体验与感受为核心，立足自然资源、人文资源和渔农产业，紧密结合岛屿旅游规划建设分区，突出生态、休闲，科学布局，壮大和创建一批生态环境美、服务水平高、海岛韵味浓的渔农家乐特色乡镇、精品示范区、集中村、休闲示范点和海岛特色民宿。同时，进一步挖掘当地特色旅游资源与人文底蕴，打造特色品牌，延伸产业链，加速推进"渔农家乐"休闲旅游纵深化，切实提高渔农民收入，促进渔农村发展，以实现经济效益、社会效益和生态效益同步增长、可持续发展。

6.4.3 海岛农家乐发展策略

6.4.3.1 科学规划，合理有序开发

规划是实现渔农家乐休闲旅游业可持续发展的关键，各级政府及各相关部门应充分认识到规划对该行业发展的重要性。政府要组织旅游等相关部门成立项目组，对现有渔农家乐休闲旅游项目的布局情况、资源情况、环境容量等进行全方位科学分析和论证，并结合外部旅游市场和经济形势变化，采取柔性发展的新思路，科学合理制定规划，明确发展渔农家乐休

闲旅游村（点）的具体目标和步骤；同时，要适当提高行业准入门槛，避免盲目开发和无序发展等问题。鉴于当前国内外渔农家乐休闲旅游业发展现状，按照区域发展规划的要求，并在充分考量环境容量、市场发展潜力等多方因素的基础上，抓紧制定既符合当前实际又具有较强操作性的渔农家乐休闲旅游发展规划，特别是对不具备发展条件的项目和地区要禁止开发。同时，根据当地的开发条件与资源特色，通过整合资源、重点开发、挖掘特色，形成特色鲜明、服务规范、设施健全、集聚明显的渔农家乐特色区块，打造面向不同消费层次、不同消费内容的区域化发展格局。

6.4.3.2 挖掘特色，抓好产品开发

"人无我有、人有我特、人特我优"是渔农家乐休闲旅游业参与市场竞争，实现差异化、可持续发展的必由之路。各渔农家乐旅游村（点）要做足、做实"食、住、游、购、行、娱"这六篇文章，充分挖掘海岛特色，抓好产品开发，延长产业链。"食"要突出渔农家乐海岛美食特色，要立足渔农业、渔农村，就地取材，利用当地滩涂和自家田地、庭院，为游客提供绿色、有机的渔农家土菜。"住"要体现渔农家乐民宿特色，依托原生态风貌的渔农村开发，可根据游客市场的不同需求，打造温馨家庭式、生态休闲式、特色美食式等主题各异的民宿，并通过学烧渔农家菜、织渔民网、唱渔民歌、刻渔贝雕、绘渔民画等活动，为游客营造一个雅致、安逸和家的氛围。"游"要展现原生态、自然美，要依托恬静绮丽的田园和海岛风光、独具特色的渔农村建筑、醇厚质朴的渔乡风情，让游客真切感受到渔农村的自然、和谐、人文三美。"购"要开发具有渔农文化元素的系列产品，要借助渔农村能工巧匠、民间艺人及社会各界人士，设计创造出符合地方特色、品种多样、做工精致、创意性强的具有渔家文化元素的旅游产品，提高产品附加值，并通过市场化运作方式推进产品产业化；培育一批传统的手工工艺布点到各渔农家乐休闲旅游村（点），既增加休闲乐趣，又促进旅游商品开发推广。"行"要打造"车在画中行、人在花中走"的精品旅游路线。"娱"要突出参与性。

6.4.3.3 探索机制，实现多元发展

探索适合渔农家乐休闲旅游业发展的运营机制，将政府、企业、农民等利益主体有机结合，是实现渔农家乐休闲旅游业可持续发展的核心所在。目前，渔农家乐休闲旅游发展模式国内主要有"农户独立或农户＋农户""企

业+农户""企业整体运营""政府+公司+农户"和"政府+公司+农民协会+旅行社型"等，各地根据区域的特点进行选择，同时也可借鉴国外乡村旅游发展的模式。

6.4.3.4 打造品牌，做大做强产业

实施品牌战略是提高岛屿渔农家乐休闲旅游知名度、增强竞争力、做大做强产业的必然选择。一是要把渔农家乐休闲旅游品牌战略纳入区域相关旅游规划，明确实施步骤和具体目标。二是积极培育渔农家乐休闲旅游特色区块，进一步整合资源，逐步打造成为独具海岛特色的渔农家乐特色区块，成为渔农家乐休闲旅游业的龙头骨干和知名品牌。三是要做好渔农家乐休闲旅游村(点)星级申报和复评工作，通过政策扶持和引导，使渔农家乐星级户比例不断扩大，并打造一批面向海内外的"渔农家乐"休闲旅游品牌，提高整体知名度和市场占有率。

6.4.3.5 加大宣传，强化区域合作

宣传是渔农家乐休闲旅游实现可持续发展的必要手段。各级政府及相关部门要充分认识宣传的重要性，根据旅游资源特色和游客喜好做好市场定位，明确宣传渠道和制订宣传计划。从当前宣传实际效果来看，渔农家乐休闲旅游发展的主体绝大部分为个体渔农户，规模相对较小，宣传效果不佳，未能形成品牌效应。可以按照"政府牵头、企业参与"原则，对区域特色开展集中宣传推介。加强与报刊、电视、电台等传统媒体合作宣传的同时，积极拓展网络、微博、微信等新媒体平台的开发和合作，并学习借鉴"淘宝网"模式，构建集产品展示、网上预订、信息咨询、综合评价于一体的渔农家乐休闲旅游门户网站，进一步提升渔农家乐休闲旅游的知名度。同时，积极组织渔农家乐休闲旅游村、点、户到重点城市开展形式多样的营销推介活动；根据产业特点，通过举办海洋文化节、观音文化节、国际沙雕节、海鲜美食节等各类新颖而有意义的渔农事节庆活动，加大宣传，扩大影响，打响品牌。

6.5 体验游

体验游是深入的旅游体验，深受旅游者喜爱，孙娟《基于游客体验的

滨海旅游产品开发研究——以深圳为例》一文，对体验游相关概念进行了综述，并对深圳休闲游的发展思路及策略进行了详细分析，为海岛体验游的发展提供了参考。

游客体验即游客旅游体验。关于旅游体验(Tourism Epxerience)的内涵 Boorsitn(1964)把它理解为一种时尚消费行为，一种人为的预先构想的大众旅游体验。而 Mac Cnnaell(1973)则把旅游体验看成是对现代生活困难的积极响应，他认为旅游者是在旅行的过程中寻找战胜困难的力量和信仰。Cohne(1979)认为不同的人需要不同的体验，不同的体验对于旅游者和旅游地有着不同的意义。Ryan 认为，旅游体验指的是一种包括娱乐或学习或多功能的休闲活动。谢彦君认为，旅游体验是主体离开常住地前往异地非定居性的旅行和短暂的停留所进行的参与性活动，以满足个体的缺失性需求和高层次需求，使主体从中获得心理上和精神上的深层次满足，进而使主体感受到生活富有意义，更趋完整。这种体验是旅游者的内在心理活动与旅游客体（这里的客体即旅游吸引物）所呈现的表面形态和深刻含义之间相互交流或相互作用后的结果。余向阳根据游客体验的不同发展阶段，描述了体验的不同维度和游客体验的动态性，包含了体验的认知和情感属性，扩展了我们对游客体验的认识。

笔者认为，体验旅游从旅游体验角度分析旅游者的体验需求入手，挖掘提炼出对滨海旅游者体验值起影响的要素，开发满足旅游者体验需求的各种关系的总和。

6.6 旅游开发模式集成

国内学者结合各地海岛开发的实践，对海岛旅游开发模式做了长期深入的探讨。杨晓妣在《海南无居民海岛旅游开发模式评价及选择研究》一文中总结了海岛旅游发展的五种模式。

6.6.1 观光游乐型海岛旅游开发模式

观光游乐型海岛旅游开发模式，是在满足游客观赏海岛旅游资源美景的基础上，增加系列游乐性和体验性强的互动项目，使游客充分领略海岛自然风光和海洋风情。应注重对海岛资源的深度挖掘，围绕"海"字做文章，积极开发海上生态旅游产品和海上运动项目，充分利用海岛滩涂和海产等资源，形成鲜明的海洋旅游特色。在生态旅游原则的指导下，游客可以享受海岛的阳光、沙滩、海水、热带森林、海岸滩涂等资源，充分领略海岛风光与海洋风情。

观光游乐型海岛旅游产品，包括对海洋的探索活动和岛上其他旅游资源的开发。游客可以登临海岛观赏波澜壮阔的海景、倾听海潮之音，与海洋亲密接触追逐海浪，在海洋中畅游搜寻造型奇特的贝壳，品尝美味的海鲜，购买特色海货，充分领略海洋之美；在海岸滩涂地带，可发展滩涂观光、沙滩运动等旅游产品；还可借助游艇邮轮等海上交通，进行远洋捕捞、远洋观光；对海岛森林资源可开发"海岛森森呼吸"产品，借助"海洋—森林"的特色吸引游客；海岛高尔夫、海岛湿地、海岛温泉等均可开发成为海岛观光游乐产品，构架集自然性、参与性、娱乐性、教育性于一体的海岛观光游乐产品体系。将生态保护作为原则，在环境承载力的范围内，引导旅游者进行海岛生态观光游，促使海岛旅游可持续发展。

6.6.2 休闲度假型海岛旅游开发模式

休闲度假型海岛旅游开发模式，旨在利用海岛自然资源和旅游设施及服务，为游客提供良好的旅游体验，使游客在海岛目的地达到身体舒适、心灵放松和精神享受的休闲度假体验。休闲度假型模式，不同于观光旅游的走马观花，应注重对游客旅游体验的塑造，并以此作为旅游开发的重点。在开发过程中，围绕"休闲、体验"的核心，在景观设计和基础设施建设中注重私密性、舒适度和趣味性，使游客在此类型海岛旅游过程中，充分享受到海岛资源和旅游服务带来的自然享受、身体放松和心灵舒适。休闲度假型海岛旅游开发模式，应充分挖掘海岛独特、优质的休闲度假资源，并开发近海、滨海、跨海和远洋等特色各异的旅游产品，满足游客不同层次的需求。根据海岛自身特色，建造高星级度假酒店或海洋风情民宿，为游客提供舒适的住宿体验，并保证私密性；对海岛森林资源进行开发，推出森林养生、林间休憩等活动；近海区域开发沙滩娱乐休闲活动，设计海洋风情沙雕，在传统的沙滩上增添创意，设置不同风格的沙滩休闲娱乐设施，使游客充分享受"阳光沙滩"这一海岛代表性资源；滨海区域的海水能见度高，许多海岛附近珊瑚礁色彩斑斓，鱼群种类繁多，可开展潜水、浮游、海浴等休闲活动。根据海洋旅游文献和旅游活动的实际经验，休闲度假型海岛旅游的客户群体主要分为情侣游客、家庭游客和少部分的中老年人游客，因而在开发过程中尤其要注意私密性、安全性和温馨体验的塑造，满足游客多方面的需求，达到其休闲、娱乐、获得自我放松和精神享受的出游目的。

6.6.3 文化创意型海岛旅游开发模式

文化创意型海岛旅游开发模式是海岛旅游开发的创新模式，旨在将海岛资源、海洋文化与科技结合，以文化创意理论和创新理念为指导，将海岛自然资源、人文底蕴、神话传说等相互融合，进行艺术化改造和创意设计，开发集创新、惊险、奇特、趣味于一体的文化创意旅游产品，使游客体验海洋文化的神秘、神奇和无限趣味。海岛进行海洋文化创意型开发，需深入挖掘海岛历史传说、海岛渔文化、海洋风情和科教价值。对历史传说进行艺术加工，以爱情、亲情、冒险等为主题，塑造相应的海岛旅游形象，并进行系列旅游产品的打造。例如，以爱情传说为主题的岛屿，可以依托自然资源设计"海岛爱情路线""海岛爱情地图"等景观，也可开发相应产品；对海岛渔文化的深入挖掘，可以联合渔民进行渔业知识科普、引导游客参与出海捕鱼、在渔船上品尝最新鲜的海产品，并对游客进行休渔、海洋环境保护等海洋生态知识教育，增强旅游活动的科普性。此外，还可对海岛特殊地质景观进行科考探险活动，增强海岛旅游活动的惊险性和趣味性，使游客得到全方位、多层次的旅游体验。

6.6.4 运动娱乐型海岛旅游开发模式

运动娱乐型海岛旅游开发模式，较适用于气候条件、浪潮状况和岸线条件较好，但面积较小，不适合修建大型基础设施的海岛。运动娱乐型海岛，主要满足游客身体锻炼、身体娱乐、体育竞赛、体育康复及体育文化交流等需求，开发参与性、康体性、娱乐性、惊险性和竞赛性的旅游产品，满足游客得到身体拓展、心理放松、寻求刺激等体验的开发模式。此类海岛在进行旅游产品开发时，应以康体、娱乐为核心，结合海岛资源特色塑造一系列参与度高的旅游运动娱乐项目。海岛景观层次丰富、地势较为平坦的区域可发展海岛骑行项目，使游客通过骑行的方式探索海岛秘密，领略海岛胜景；沙滩区域可进行沙滩排球、足球、沙滩摩托车、沙滩团队拓展等活动；近海海底分布大量珊瑚礁和渔场的区域可发展潜水教习、水下竞技、水下拍摄等活动；海域浪潮较大、水温较高的区域可发展冲浪、水橇、滑板、摩托艇、帆板、独木舟等项目；还可进行岸钓、平台海钓、游船海钓等活动的培育。

6.6.5 生态保护型海岛旅游开发模式

生态保护型海岛旅游开发模式，是从生态旅游供给者的角度，以生态保护为核心准则，基于海岛优质的旅游资源，将旅游发展、环境保护、社区利益、旅游资源的可持续利用紧密结合起来。此类海岛因其资源的稀有度和特殊性具有很高的生态价值和科考价值，且环境较为脆弱，一旦破坏很难恢复。因此，需要以生态保护为前提，保护为主，对海岛进行谨慎保守的旅游开发，并且在开发过程中，要严格控制设施建设和游客数量，将旅游环境影响降到最低，确保不超过海岛的旅游承载力。旅游开发作为海岛发展的辅助条件，以维护海岛生态系统和文化遗产多样性为核心目标，在此基础上适当对部分资源进行开发。生态保护型海岛旅游开发模式，多见于被划为自然保护区或拥有珍贵人文古迹的海岛，在此类海岛上，维护保护区内的动物和珍稀植物的正常生活状态是首要目标，旅游开发仅作为大自然向人类开放的窗口进行适度展示，而不应对海岛原有生物的活动和环境状态造成影响。部分海岛具有地域面积小、淡水资源少、地质地貌情况复杂的自然条件，一旦遭到破坏很难恢复原有状态，此时过度的开发就会造成海岛生态系统的破坏，不利于海岛旅游资源的可持续发展。因此，在生态保护型海岛旅游开发模式的实施过程中，对旅游者进行充分的生态教育显得尤为重要，引导游客在旅游过程中以"生态保护者"而非单纯的"游客"的身份去进行旅游活动，将海岛生态保护作为责任，维护海岛生态系统的平衡与和谐。

6.7 无居民海岛开发模式模糊决策

近年来，无居民海岛旅游开发研究很多，尤其注重对开发过程中出现的问题及其发展制约因素的研究。贺芳等认为，辽宁省利用无居民岛发展旅游产业的过程中，存在开发利用效率低、存在问题及其制约因素、经营管理问题等。厦门无居民海岛旅游开发项目制约因素主要有利用层次不高、生态环境保护措施不到位，没有将海岛的保护与利用规划统一协调等。Croes 等也赞成旅游业应当走专业化的发展道路，拥有更多的资源。旅游从业者同样不可忽视，由于全球经济一体化、科技的快速更新和员工离职等因素，导致无居民海岛旅游开发过程中出现一系列的问题。所以，相关政府部门应当与海岛经营者联动，以提高旅游服务质量和效率，促进无居民海岛可持续开发。Cirer Costa 则更强调资金、沟通、共识在海岛旅游开发中的作用。

关于海岛开发模式的研究也比较多。马丽卿对舟山无居民海岛的研究表明，海岛生态旅游、海岛特色旅游等开发模式，有助于浙江省舟山无居民海岛区域联动开发。张萌认为，海岛旅游应当考虑周边大陆，走"陆岛一体化"方针。辽宁省将"大陆、有居民海岛、无居民海岛"有机结合，走"岛陆联动"模式，获得良好效果。苗增良等则提出无居民海岛开发，应当划定"重点开发"模式、"保护开发"模式和"禁止开发"模式。

岛屿作为我国领土的一部分，具有极其重要的战略地位。而无居民海岛作为我国领土开发的薄弱部分尤为突出，更应加强对其的开发与管理。但是，缺乏关于无居民海岛旅游项目的选择方面的研究。笔者立足于北部湾地区，并以钦州市无居民海岛为例，旨在对该地区无居民海岛的开发项目的选择进行探讨，更好地为无居民海岛旅游开发服务。

6.7.1 材料和方法

2011 年 4 月 12 日，国家海洋局公布《中国第一批可开发利用的无居民海岛名录》。在该名录中，钦州市有 11 个海岛，除独山背岛为城乡建设用岛，其余 10 个岛屿均可开发为旅游娱乐用岛和交通运输用岛。笔者从中选取独山背岛、擦人墩、虎墩、旱泾长岭、小墩、樟木环岛、小娥眉岭、抄墩岛共 8 个无居民海岛进行实例评价。各个海岛的基本情况见表 6-2。

第6章 海岛旅游开发模式

表6-1 各个海岛的基本情况

序号	岛名	位置	与大陆距离(m)	面积(m²)	形状	土壤属性	动植物情况	备注
1	独山背岛	茅尾海东岸	220	8 551	呈长形，南面凸起一石墩	红色粉砂岩构成，表层为黄砂土	盛长松树，四周干出泥滩长满红树林，产弹涂鱼及贝类	钦南区大番坡镇葵子村的村民已经在岛上种植了桉树，为城乡建设用岛
2	擦人墩	七十二泾	3 000	23 377	岸线长816 m，呈长形，东西走向	由黄、白粉砂岩构成，表面为白黏土	长满杂草，四周水深12 m，盛产青蟹、石斑鱼等	为浅海作业渔场、航道，主导用途为旅游娱乐用岛、主导用途为交通运输用岛
3	虎墩	七十二泾	1 500	8 163	海岸线长365 m，呈半月形，中间高，两头低	由灰白色粉砂岩构成，表层为黄砂土	长有松树，周围水深4 m，产牡蛎、青蟹、石斑等	主导用途为旅游娱乐用岛、交通运输用岛
4	早泾长岭	七十二泾	1 500	181 378	岸线长2 707 m，呈长形，中部高，两头低	由粉砂岩和石英砂岩构成，表层为黄砂土	长满松树，周围水深3 m，产牡蛎、青蟹、对虾等	主导用途为旅游娱乐用岛、交通运输用岛
5	小墩	望鸦江口	250	2 713	略成椭圆形	土壤底层由粉砂岩构成，表层为黄砂黏土	长有杂草及松树，四周为干出泥滩，附近产鲻鱼	主导用途为旅游娱乐用岛、交通运输用岛

续表

序号	岛名	位置	与大陆距离(m)	面积(m²)	形状	土壤属性	动植物情况	备注
6	樟木环岛	七十二泾	2 500	115 386	岸线长2 238 m，东西走向，西高东低	由灰白色页岩构成，表层为粉黄色黏土	长有松树，盛产牡蛎、青蟹、石斑鱼等	主导用途为旅游娱乐用岛、交通运输用岛
7	小娥眉岭	七十二泾	1 000	19 552	岸线长583 m，呈长圆形，南北走向，中间高，两头低	由黄粉砂岩构成，表层为黄黏土	长有松树，四周为干出泥滩，长红树林	主导用途为旅游娱乐用岛、交通运输用岛
8	抄墩岛	大风江口	300	71 287	岸线长1 135 m，呈三角形，南部高且陡，北部低而平	由红粉砂岩构成，表层为黄砂黏土	丛生杂草，产牡蛎、青蟹、黄鱼等	主导用途为旅游娱乐用岛、交通运输用岛

第6章 海岛旅游开发模式

笔者依据国内外无居民海岛旅游开发的成功案例，同时考虑钦州无居民海岛现状，确定在休闲度假型、观光型、生态保护型、科普型和运动娱乐型这五种开发模式的基础上，开发具有地区特色、民族特色和海洋特色的生态旅游项目，如主题式公园、休闲度假酒店、野外素质拓展训练基地、科普生物基地以及海洋观光等。

通过比较国内外相关研究，笔者确定的模糊决策模型如下。

（1）确定评价指标体系

构建无居民海岛旅游开发模式评价指标体系，为了达到指标选取的有效性，需要遵循模糊和精确性相结合、系统与典型性相结合、科学与可操作性相结合、定性与定量分析相结合的原则，设立评价目标为U，评价要素u_i为子集，评价因子层u_{ij}为u_i的子集，评价因子亚层u_{ijz}为评价因子层u_{ij}的子集，其中i，j，z均表示个数。

$$U = \{u_1, u_2, \cdots, u_i\}$$

$$u_i = \{u_{i1}, u_{i2}, L, u_{ij}\}$$

$$u_{ij} = \{u_{ij1}, u_{ij2}, L, u_{ijz}\}$$

（2）评价等级

笔者用V表示评价集，其中n为评价结果的总个数，一般可依据实际的情况来确定评价集，差级划分为1~9共计9个等级。

$$V = \{v_1, v_2, \cdots, v_i\}$$

（3）建立模糊关系矩阵

确定V的隶属程度需要从每一个因素出发，一般称之为单因素的模糊评价法。然后，从每个因素u_i（$i = 1, 2, \cdots, m$）上，逐个对被评价的对象进行量化，从而获得模糊关系矩阵R。

$$R = \begin{bmatrix} r_{11} & r_{12} & \cdots & r_{1n} \\ r_{21} & r_{21} & \cdots & r_{1n} \\ \vdots & \vdots & \ddots & \vdots \\ r_{m1} & r_{m2} & \cdots & r_{mn} \end{bmatrix}$$

矩阵R中，依据u_i因素，r_{ij}为衡量等级v_j的模糊子集的隶属度。u_i可以由r_i反映，r_i为单因素的评价矩阵，是U（因素集）和V（评价集）之间的模糊关系。笔者通过专家打分法，来确定隶属，其中对于打分结果的统

计,采用如下模型:

$$r_{ij} = \begin{cases} 1, (i = j) \\ 1 - c \sum_{k=1}^{} |x_{ik} - x_{jk}|, (i \neq j) \end{cases}$$

c 为调节系数,确保 $0 \leq r_{ij} \leq 1$。

（4）确定评价因素的模糊权向量

各因素都对应一个权重系数 a_i (i = 1, 2, …, m),其中 a_i 非负且满足 $\sum a_i = 1$,模糊集合 A 代表一个权重集,它是由若干的 i 因素组成的。权重系数对决策的影响非常显著,因而很重要。笔者采用 AHP 法（层次分析法）,在 yaahp 软件中计算权重系数。

（5）多因素模糊评价

模糊综合评价的模型如下：

$$B = A \cdot R = (a_1, a_2, \cdots, a_m) \begin{bmatrix} r_{11} & r_{12} & \cdots & r_{1n} \\ r_{21} & r_{21} & \cdots & r_{1n} \\ \vdots & \vdots & \ddots & \vdots \\ r_{m1} & r_{m2} & \cdots & r_{mn} \end{bmatrix} = (b_1, b_2, \cdots, b_n)$$

其中, b_j (j = 1, 2, …, n) 由矩阵 A 与矩阵 R 的第 j 列计算获取的,表示从整体上看,被评级对象对 v_j 等级模糊子集隶属度。另外,模糊合成算子 $M(\wedge, \vee)$ 的算法如下：

$$b_j = \bigvee_{i=1}^{m}(a_i \wedge r_{ij}) = \max_{1 \leq i \leq m}\{\min(a_i, r_{ij})\}, j = 1, 2, \cdots, n \tag{3-8}$$

（6）评价结果的分析与决策

模糊综合评价的结果为向量,该向量可以反映被评价的对象对于各等级的模糊子集隶属度。本节采用的原则为最大隶属度,若模糊评价结果的向量 $B = (b_1, b_2, \cdots, b_n)$ 中, $b_i = \max_{1 \leq j \leq n}\{b_j\}$,则被评价的对象从总体上隶属于 i 级。

6.7.2 结果与分析

6.7.2.1 评价指标体系的确立

指标筛选采用专家评价法,邀请了包括高校相关领域专家学者、旅游从业人员、游客在内的 20 人征询意见,并对各个评价指标打分。专家学者、旅游从业人员、游客的比例为 6∶3∶1。发放问卷调查共计 20 份,实际回收的有 20 份。

分两轮进行意见征询：统计第一轮意见时，进行意见梳理，并修改原有的指标体系。该轮专家意见征询过程中，专家们一致认为：要素层中，资源环境条件 B1 是对无居民海岛现状的评价，因而在评价因子层"基本条件 C1"这一项增加资源原生性、资源丰富度、海岛知名度、文化性以及特色性 5 个二级指标；在旅游开发价值 B2 中增加"娱乐价值"指标；在旅游开发条件 B3 中，"基础设施"增加二级指标"运动设施"，"规划项目"的二级指标"营销策略合理性"转移至上一评价因子层，其余二级指标删除。根据专家的建议，增加并细化海岛自身资源的评价指标，并完善旅游开发价值指标。将调整后的指标体系发回重新评价，被调查人员需要重新对列出的各项指标再次进行相关性评价，然后才能获取最终评价指标体系。

观光型开发模式（A1）的评价指标见表6-3。其他开发模式，仅需要变更目标层为度假型开发模式（A2）、运动娱乐型开发模式（A3）、科研科普型开发模式（A4）、生态保护型开发模式（A5）。

表6-3　钦州无居民海岛旅游开发评价指标体系

目标层	要素层	评价因子层	
观光型开发模式 A1	资源环境条件 B1	基本条件 C1	资源原生性 D1
			资源丰富度 D2
			海岛知名度 D3
			文化性 D4
			特色性 D5
		生态环境风险因子 C2	
		生态环境保护措施 C3	
	旅游开发价值 B2	观赏价值 C4	
		生态价值 C5	
		养生价值 C6	
		娱乐价值 C7	
		科研科普价值 C8	
		经济资源价值 C9	

续 表

目标层	要素层	评价因子层	
观光型开发模式 A1	旅游开发条件 B3	交通条件 C10	方便快捷 D6
			距离远近 D7
			交通费用 D8
		基础设施 C11	住宿条件 D9
			餐饮条件 D10
			娱乐设施 D11
			运动设施 D12
			其他基础设施 D13
		区域经济发展 C12	
		投资力度 C13	
观光型开发模式 A1	旅游开发条件 B3	市场需求 C14	当地市场需求 D14
			国内市场需求 D15
			海外市场需求 D16
		政策扶持 C15	当地政策扶持 D17
			北部湾政策扶持 D18
			国家政策扶持 D19
		项目规划 C16	
		营销策略合理性 C17	

6.7.2.2 评价指标权重的确定

（1）AHP 模型

观光游乐型海岛旅游开发模式 A1 的 AHP 模型如图 6-2 所示。对于另外四种开发模式的层次分析模型，仅需要变更目标层即可。

第6章 海岛旅游开发模式

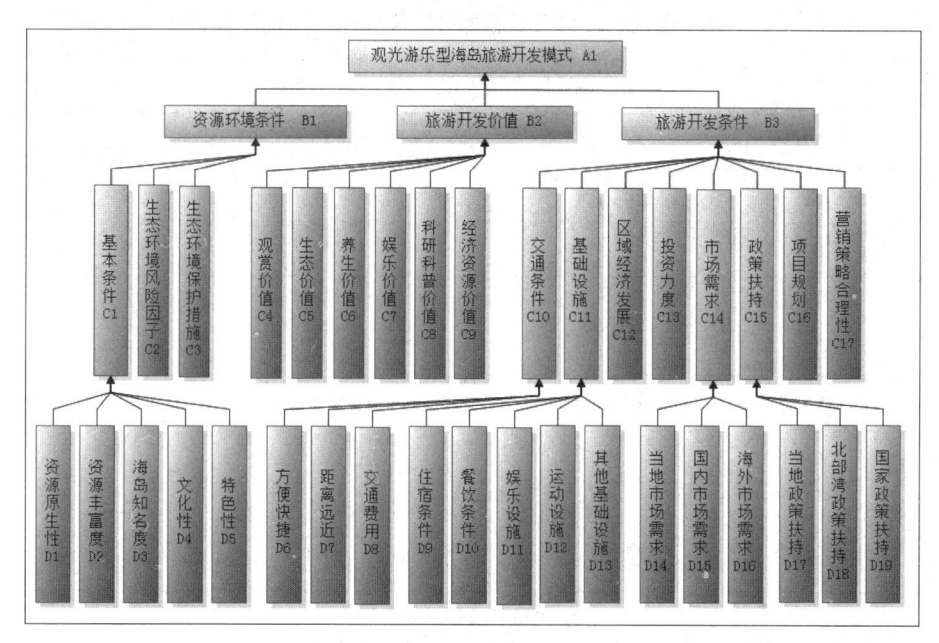

图 6-2 钦州无居民海岛观光游乐型海岛旅游开发模式评价 AHP 模型

（2）判断矩阵的构造

请各位专家重新参照评价指标，结合各自实践和知识，使用判断矩阵方法对五种开发模式的每个评价层指标进行相对重要性判断，然后进行评价指标体系的一致性检验。

在 Yaaph 10.5 软件内，输入专家的评价结果，并检查判断矩阵的一致性。确保 CR（一致性指标）都不超过 0.1 时，即各项指标的相对重要性判断结果可接受且数据有效。用同样的方法可算出其余四种开发模式的一致性比值。

（3）指标权重的确定

确定五种开发模式各项指标的一致性比值可接受后，继续使用 Yaaph 10.5 软件计算该种开发模式下各项评价指标的权重（以观光游乐型海岛旅游开发模式为例，详见表 6-4）。依次对五种开发模式进行权重计算，得出钦州无居民海岛旅游开发模式评价体系指标的权重（表 6-5）。

表6-4 观光游乐型海岛旅游开发模式指标间相对重要性

A1	B1	B2	B3
B1	1	1/3	1
B2	3	1	2
B3	1	1/2	1

(a) 准则层之间

B1	C1	C2	C3
C1	1	1/3	1/5
C2	3	1	1/3
C3	5	3	1

(b) 资源环境指标之间

B2	C4	C5	C6	C7	C8	C9
C4	1	2	3	1	3	4
C5	1/2	1	1	1/2	1	2
C6	1/3	1	1	1/4	1	2
C7	1	2	4	1	5	5
C8	1/3	1	1	1/5	1	2
C9	1/4	1/2	1/2	1/5	1/2	1

(c) 旅游开发价值指标之间

B3	C10	C11	C12	C13	C14	C15	C16	C17
C10	1	2	2	2	1/2	2	2	1/2
C11	1/2	1	1/2	1	1/4	3	1/3	1/3
C12	1/2	2	1	1	1/3	2	1/2	1/2
C13	1/2	1	1	1	1/3	2	1/3	1/2
C14	2	4	3	3	1	6	2	2

续 表

C15	1/2	1/3	1/2	1/2	1/6	1	1/3	1/5
C16	1/2	3	2	3	1/2	3	1	1/3
C17	2	3	3	2	1/2	5	3	1

(d) 旅游开发条件指标之间

C1	D1	D2	D3	D4	D5
D1	1	2	1/3	2	1/3
D2	1/2	1	1/5	2	1/3
D3	3	5	1	5	2
D4	1/2	1/2	1/5	1	1/3
D5	3	3	1/2	3	1

(e) 基本条件的二级指标之间

C10	D6	D7	D8
D6	1	4	3
D7	1/4	1	1
D8	1/3	1	1

(f) 交通条件的二级指标之间

C11	D9	D10	D11	D12	D13
D9	1	2	1	7	3
D10	1/2	1	1/5	4	2
D11	1	5	1	7	6
D12	1/7	1/4	1/7	1	1/4
D13	1/3	1/2	1/6	4	1

(g) 基础设施的二级指标之间

续表

C14	D14	D15	D16
D14	1	3	6
D15	1/3	1	2
D16	1/6	1/2	1

(h) 市场需求的二级指标之间

C15	D17	D18	D19
D17	1	2	4
D18	1/2	1	2
D19	1/4	1/2	1

(i) 政策扶持的二级指标之间

表6-5 五种开发模式下各项指标的权重

准则层	指标		WA1	WA2	WA3	WA4	WA5
B1	C1	D1	0.0030	0.0011	0.0017	0.0058	0.0054
		D2	0.0021	0.0067	0.0009	0.0051	0.0050
		D3	0.0094	0.0024	0.0046	0.0007	0.0010
		D4	0.0016	0.0021	0.0005	0.0026	0.0009
		D5	0.0059	0.0082	0.0028	0.0025	0.0010
	C2		0.0542	0.0408	0.0209	0.0281	0.0386
	C3		0.1337	0.0816	0.0419	0.1186	0.1114
B2	C4		0.1536	0.1508	0.0297	0.0165	0.0647
	C5		0.0677	0.0423	0.0291	0.0886	0.2543
	C6		0.0559	0.1686	0.0115	0.0118	0.0327
	C7		0.1860	0.0942	0.1142	0.0304	0.0190
	C8		0.0544	0.0395	0.0131	0.1233	0.1343

续表

准则层	指标		WA1	WA2	WA3	WA4	WA5
B2	C9		0.0323	0.0760	0.0584	0.0263	0.0347
B3	C10	D6	0.0209	0.0339	0.1206	0.1105	0.0507
		D7	0.0058	0.0064	0.0227	0.0208	0.0095
		D8	0.0063	0.0120	0.0427	0.0392	0.0180
	C11	D9	0.0047	0.0030	0.0148	0.0195	0.0038
		D10	0.0022	0.0056	0.0064	0.0241	0.0064
		D11	0.0068	0.0154	0.0139	0.0377	0.0116
		D12	0.0006	0.0019	0.0827	0.0063	0.0023
		D13	0.0015	0.0024	0.0152	0.0171	0.0112
	C12		0.0188	0.0105	0.0430	0.0418	0.0112
	C13		0.0173	0.0408	0.0547	0.0521	0.0308
	C14	D14	0.0418	0.0268	0.0736	0.0416	0.0209
		D15	0.0139	0.0151	0.0385	0.0218	0.0109
B3	C14	D16	0.0070	0.0034	0.0101	0.0057	0.0029
	C15	D17	0.0055	0.0053	0.0240	0.0424	0.0190
		D18	0.0028	0.0010	0.0045	0.0080	0.0036
		D19	0.0014	0.0019	0.0085	0.0150	0.0067
	C16		0.0314	0.0439	0.0753	0.0180	0.0692
	C17		0.0515	0.0565	0.0195	0.0180	0.0083

其中：WA1为观光游乐型海岛旅游开发模式的权重；WA2为休闲度假型海岛旅游开发模式的权重；WA3为运动娱乐型海岛旅游开发模式的权重；WA4为科研科普型海岛旅游开发模式的权重；WA5为生态保护型海岛旅游开发模式的权重。

从表6-5中可以看出，观光游乐型海岛旅游开发模式中要素层权重排序为旅游开发价值B2>旅游开发条件B3>资源环境条件B1，说明该开发模式下潜在旅游开发价值更重要。评价指标权重最大值是娱乐价值 C7，其次是观赏价值 C4 和生态环境保护措施 C3，符合其既能满足游客观赏海岛旅游资源风光，又能通过游乐项目或设施达到游乐和体验的目的，开发的同时还应注重生态环境的保护。

休闲度假型海岛旅游开发模式中要素层权重排序为旅游开发价值 B2> 旅游开发条件 B3> 资源环境条件 B1，说明该开发模式下潜在旅游开发价值比旅游开发条件重要。评价指标权重最大值是养生价值 C6，其次是观赏价值 C4 和娱乐价值 C7。休闲度假重点在于让游客达到身体舒适、心灵放松和精神享受的休闲度假体验。其适合配置较多的观赏项目和运动幅度小的娱乐设施。

运动娱乐型海岛旅游开发模式中要素层权重排序为旅游开发条件 B3> 旅游开发价值 B2> 资源环境条件 B1。运动娱乐项目更亲近自然，更具创新、惊险、奇特、趣味。开发运动娱乐项目更多地依靠原有自然资源、环境、交通等要素，因而旅游开发条件更重要。评价指标权重最大值是方便快捷 D6，其次是娱乐价值 C7 和运动设施 D12。运动娱乐型海岛可开发的旅游项目有潜水、冲浪、滑板、摩托艇、海岛骑行、沙滩排球、足球、沙滩摩托车、沙滩拓展等，需要游客具备较好的体力和便捷的交通。同等条件下，娱乐价值比运动设施更具吸引力。

科研科普型海岛旅游开发模式中要素层权重排序为旅游开发条件 B3> 旅游开发价值 B2> 资源环境条件 B1。评价指标权重最大值是科研科普价值 C8，其次是生态环境保护措施 C3 和方便快捷 D6。科研科普型海岛注重科研和科普教育，具有较强的生态环境保护措施，而便捷的交通则有利于游客的数量和游玩次数。

生态保护型海岛旅游开发模式中要素层权重排序为旅游开发价值 B2> 旅游开发条件 B3> 资源环境条件 B1。生态保护型海岛是以生态保护为核心，基于海岛优质的旅游资源，关键在于其是否具有生态保护的价值。评价指标权重最大值是生态价值 C5，其次是科研科普价值 C8 和生态环境保护措施 C3。

6.7.2.3 开发模式的选择

在指标权重的基础上，构建模糊综合评价的模型，邀请专家对每个无居民海岛进行评价，并采用模糊合成算子 M(∧，∨)，获得钦州无居民海岛旅游开发模式评价等级，结果见表 6-6。

第6章 海岛旅游开发模式

表6-6　钦州市无居民海岛旅游开发模式评价等级

海岛名称 开发模式	独山背岛	擦人墩	虎墩	旱泾长岭	小墩	樟木环岛	小娥眉岭	抄墩岛
观光游乐型	7.631***	5.864*	5.679*	6.630	5.572	7.387***	6.684***	6.049***
休闲度假型	7.470**	5.996***	5.655*	6.858*	5.767*	7.352***	6.641***	6.026**
运动娱乐型	7.113	5.821	5.763***	7.072***	5.952***	7.209**	6.246	5.932
科研科普型	7.086	5.646	5.468	6.493	5.699	6.612	6.018	5.927
生态保护型	7.411*	5.990***	5.560	6.604	5.352	6.813	6.620**	5.962

注：设定每个海岛的得分中，*** 为等级1，即最适合该岛的开发模式；** 为等级2，即比较适合该岛的开发模式；* 为等级3，即稍微适合该岛的开发模式。

由表6-6可以看出，钦州市8个无居民海岛中，最适宜采用观光游乐型海岛旅游开发模式的有4个，分别是独山背岛、樟木环岛、小娥眉岭和抄墩岛；同时最适合休闲度假型海岛旅游开发模式的有樟木环岛和小娥眉岭，还有擦人墩；最适宜采用运动娱乐型海岛旅游开发模式的有3个，分别是虎墩、旱泾长岭和小墩；同时擦人墩也最适合生态保护型海岛旅游开发模式。其次，比较适合休闲度假型海岛旅游开发模式的有独山背岛和抄墩岛；樟木环岛比较适合运动娱乐型海岛旅游开发模式，小娥眉岭比较适合生态保护型海岛旅游开发模式；稍微适合观光游乐型海岛旅游开发模式的有擦人墩和虎墩；同时虎墩也稍微适合休闲度假型海岛旅游开发模式，还有旱泾长岭和小墩；另外，稍微适合生态保护型开发模式的为独山背岛。

研究结果表明，这几个海岛均适合偏向于实际参与性强、具有较大能动性的旅游开发模式，如观光游乐型、休闲度假型以及运动娱乐型。钦州市8个无居民海岛中擦人墩、虎墩、旱泾长岭、樟木环岛和小娥眉岭这5个岛属于钦州市茅尾海七十二泾旅游风景区，相对集中，且相互之间各有侧重的旅游开发模式，相对于单岛开发方式，更适合区域联合开发。独山背岛位于钦州市茅尾海东岸，是距离大陆岸线最近的岛屿，面积相对较小，且周围长满红树林，适合进行观光游乐型和休闲度假型开发，有必要时可选择生态保护型开发模式。小墩位于钦州港望鸦江口，有咸淡水交替，距离大陆岸线较近，适合单岛开发。抄墩岛位于钦州市大风江江口，风景宜人，距离大风江西岸约 300 m，可充分利用海岛自有资源，开发滩涂观光、游船、钓鱼、海捞、度假酒店等项目。

6.7.3 讨论和结论

国内外的学者就无居民海岛开发已经开展了大量的研究，如陈秋明建立基于生态—经济价值的无居民海岛开发适宜性评价指标体系，苏婷利用互斥矩阵判断无居民海岛的开发利用类型，林志兰等通过生态重要性—开发可行性互斥矩阵确定无居民海岛的开发适宜程度，李石斌和朱正涛等分别构建了海南省和青岛市无居民海岛旅游可持续发展评价指标体系。但均没有涉及无居民海岛的开发模式，不过其研究思想和研究方法都值得借鉴。本节在前人研究的基础上，采用基于层次分析法（AHP）的模糊选择模型，克服 AHP 模型的不足，从而解决了实际问题。

本节从海岛旅游开发驱动因子入手，在充分了解钦州市无居民海岛基本情况的基础上，确定了观光游乐型、休闲度假型、运动娱乐型、科研科普型以及生态保护型五种海岛旅游开发模式。采用专家评价法，从海岛资源环境条件、旅游开发价值和旅游开发条件三个方面，确定最终评价指标模型，即 5 个目标层和 3 个要素层共 31 个评价指标。不仅包含了不同开发模式的关键评价指标，还包含了如交通条件、基础设施、市场需求等起到辅助决定作用的评价因子。然后使用同一套评价指标模型，采用层次分析法和专家咨询法分别计算五种开发模式的各项评价因子权重，最终获得不同开发模式在相同评价指标模型的不同权重评价指标体系。与前人研究相比，该体系涵盖了海岛的基本资源环境条件、发展现状和发展潜力三个方面，全面地描述了海岛属性。因此，笔者认为，除了包含对应开发模式的关键评价指标外，无居民海岛开发评价体系还应包含对开发模式选择有影响且具有不同侧重的辅助评价指标，使整个评价指标体系趋于完善。

同时，不同的开发模式采用相同的指标体系，根据不同开发模式下，指标之间的相对重要性不同，获得不同的权重系数，从而对最终的评价结果产生影响。该方法优势明显，每个岛屿在评价时能够根据自身条件，在相同评价指标体系的不同权重下获得每一种开发模式得分，最终得到每个岛屿最适合、十分适合、比较适合的开发模式选择，避免了不同开发模式

第6章 海岛旅游开发模式

不同评价指标而造成的评价失重和不全面。另外，同一套评价体系的不同权重，充分体现了不同开发模式侧重的方面，评价时更方便，评价结果更合理、更科学，具有很强的实用性。

因此，本章将为钦州市乃至北部湾无居民海岛旅游开发模式决策提供帮助，为其他地区无居民海岛旅游开发模式选择提供参考。从模型和评价指标体系的构建以及研究区域来看，将为北部湾地区无居民海岛旅游开发提供依据和参考价值。

第7章 海岛旅游资源可持续利用

7.1 可持续开发研究

7.1.1 可持续发展的内涵

可持续发展是指既满足当代人需要又不对后代人满足需要的能力构成威胁的发展，其具有两个基本内涵：发展和持续，它们是一个密不可分的系统。既要达到发展经济的目的，又要保护好人类赖以生存的大气、海洋和森林等自然资源和环境，不仅要考虑到当代人的利益，也要重视后代人的利益。可持续发展包含自然资源和生态环境可持续发展以及社会和经济的可持续发展。

7.1.2 旅游可持续发展的内涵

《可持续发展旅游宪章》中认为旅游可持续发展的实质是：要求旅游与自然、文化和人类生存环境成为一个整体；自然、文化和人类生存环境之间的平衡关系使许多旅游目的地各具特色，尤其是那些小岛屿和环境敏感地区，旅游发展不能破坏这种脆弱的平衡关系。因此，旅游可持续发展是引导所有资源管理既能满足经济、社会和美学需求，同时也能维持文化完整，基本的生态过程，生物多样性和生命支持系统。旅游可持续发展要以保护旅游资源为前提，达到旅游资源和旅游环境的承载力相协调，与社会环境相适应的发展。

7.1.3 海岛旅游资源可持续发展的内涵

海岛是四面环水并在高潮时高于水面自然形成的陆地区域，海岛旅游可持续发展是旅游可持续发展的延伸，但由于海岛的特殊性，海岛旅游可持续发展研究又不同于一般的陆地旅游可持续发展研究。

关于海岛旅游可持续发展的概念，国内外学者结合有关旅游可持续发展的定义有各种理解。比如，薛纪萍等认为海岛旅游可持续发展的概念为：因岛制宜，依靠科技，使海岛的旅游环境容量保持在合理的水平之上，确保海岛自然资源和人文资源的完整性、生物多样性、生态系统的良性循环，实现海岛经济效益、生态效益、环境效益和社会效益的协调发展。而赵玉杰认为海岛旅游可持续发展内涵是指通过发展旅游活动促进海岛这一特定区域的社会经济发展，实现海岛区域经济效益、生态环境效益和社会文化效益的综合最大化，其范畴既包括海岛旅游活动的可持续发展，又包括海岛旅游业的可持续发展。

7.1.4 海岛旅游资源可持续发展的研究方法

海岛旅游可持续发展研究是一项复杂的系统工程，海岛旅游的可持续发展，不仅要从理论上进行定性的研究，还要根据一些方法进行定量研究，即采用定性、定量相结合的方法，这样才能使其得到进一步丰富和深化。根据目前国内外对该领域的研究工作，主要研究方法有：

（1）回归分析法

回归分析是确定两种或两种以上的变量间互相影响、相互制约关系的一种统计分析方法。

（2）态势分析法

态势（SWOT）分析法（也称道斯矩阵分析法，即 TOWS 分析法），20 世纪 80 年代初由美国旧金山大学的管理学教授韦里克提出，经常被用于企业战略制定、竞争对手分析等场合。

（3）文献研究法

通过全面、充分的阅读相关文献资料，进行归纳和整理以获取有效信息。

（4）问卷调查法

通过对特定区域的研究，选取影响该区域的重要指标后，拟订一份调查问卷，让专家、学者对各项指标打分，以对影响因素进行分析。

（5）层次分析法

层次分析法（AHP 法）是美国匹兹堡大学运筹学家 T. L. Saaty 于 20 世

纪70年代中期提出的一种多层次权重分析决策方法，其特点是具有高度的逻辑性、系统性、简洁性和实用性，是对非定量事件做定量分析的一种有效方法。

（6）综合指数法

综合指数法是在各大类指数基础之上，按照各自的权重再进行一次加和，从而得到总体层可持续发展指数的计算方法。

7.2 可持续开发评价

可持续发展能力评价指标体系的建立是对海岛可持续发展能力客观、全面评价的基础。因此，海岛的可持续发展能力评价指标的选择必须能够综合反映影响海岛可持续发展能力的各种主要因素。

7.2.1 建立海岛可持续发展能力评价指标体系的构建原则

各地区的可持续发展能力评价，面对不同的条件，选定的指标是不一样的。因此，海岛的可持续发展能力有很多评价体系，除了一般的评价体系应该包含的科学有效性、灵敏度的原则外，还应特别注意考虑到以下原则。

（1）科学性原则

所选择的指标要有针对性以及明确的定义，必须能够客观、全面地反映海岛可持续发展能力的基本特征、保护现状和演变规律。

（2）结果导向性原则

指标的选取不只是为了进行层次分析后进行简单的排序，还是为了对可持续发展有正确的指引和导向作用。

（3）可操作性原则

所选指标内容应该易于理解，简单明了，易于获取，并具有较强的可比性。

（4）全面性原则

所选取的指标应从岛屿系统的完整性出发，找出可以整体反映岛屿可持续发展能力的重要的、有代表性的指标。

（5）系统性原则

要形成有层次功能的平行指标体系，且同一层次之间的指标要避免有内在联系，必须符合它的指导意义。

7.2.2 海岛的可持续发展能力评价指标体系构建

目前，国内很多学者借鉴国内外的研究成果，通过开展相关的实践调研工作，从海岛的经济、社会、资源、人口、环境、科技、教育等方面设立评价指标，以建立海岛可持续发展能力的评价指标体系。

鉴于海岛的重要性和独特性特征，以可持续发展的基本理论为指导，借鉴陆域可持续发展指标体系的思路，结合海岛的特征，从生存支持、环境支持、发展支持、社会和智力支持四个层面探讨海岛可持续发展评价的指标体系和方法模型。

通过构建海岛的可持续发展能力评价指标系统（表7-1），将海岛可持续发展指标体系分为三个层次：总体层、系统层和指标层，遴选多个指标来表征状态层的行为、变化的原因和动力。表7-1所示的指标体系主要是针对有居民海岛设立的，其所构建的指标体系能较全面地对有居民海岛的可持续发展状况进行定量评价。与此同时，该评价体系对于未开发利用的无居民海岛可持续发展评价也具有重要的参考意义，可以侧重对于环境支持系统和生存资源支持系统进行评价。然后选择符合海岛可持续发展能力特点的科学评价方法，可以全面、仔细地衡量海岛的可持续发展能力。

海岛可持续发展的总体能力评价模型：

$$D_c = \sum_{i=1}^{n} Wi \times Fi$$

式中，D_c——海岛的可持续发展能力指数；

Wi——海岛的可持续发展能力的指标权重；

Fi——海岛的可持续发展能力的指标打分值；

n——指标数量。

表7-1　海岛可持续发展能力指标体系

总体层	系统层	指标层
海岛可持续发展总体能力	海岛自然资源支持系统	人均耕地面积
		人均海域面积
		年均降雨量
		人均淡水量
		森林资源存有率
		……
	海岛生态环境系统	空气污染综合指数
		沿岸海域水质污染综合指数
		海岛陆地饮用水水质综合指数
		工业废水排放达标率
		工业废气处理率
		工业固体废弃物综合利用率
		人均造林面积
		林地保有率
		人均占有绿地面积
		……
	海岛经济发展系统	人均使用外资
		人均固定资产投资额
		人均社会消费品零售总额
		渔业产值占大农业比重
		工业产值占全部海岛工业产值比重
		海洋第三产业值占GDP比重
		海水养殖占海洋渔业产业比例
		人均GDP
		人均收入水平

续 表

总体层	系统层	指标层
海岛可持续发展总体能力	海岛经济发展系统	全社会劳动生产率
		……
	海岛社会与智力系统	人口自然增长率
		人均住房面积
		城镇失业率
		人均教育经费投入
		中学在校学生占在校学生总数比例
		科学事业费、科技三项费占财政支出比例
		……

7.2.3 海岛的可持续发展能力的分析方法

7.2.3.1 *层次分析法*

层次分析法，简称 AHP 法（The Analytic Hierarchy Process），把复杂的决策问题视为一个系统，将总目标层层分解为多个子目标或准则，并对同一层次各判断要素之间的重要性进行比较，通过对比差异量化计算得出不同方案的重要程度，为系统决策提供依据。

分析过程图 7-1 所示。

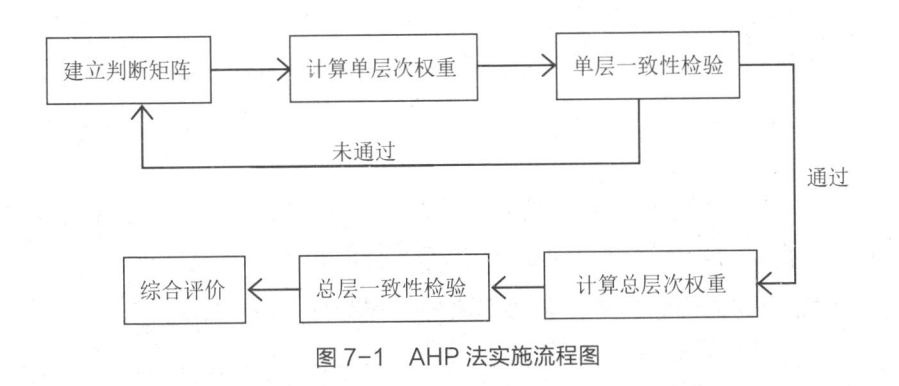

图 7-1 AHP 法实施流程图

（1）建立判断矩阵

将总评价目标分解成多级指标，然后对同一层的指标进行两两比较，按照 1~9 比率标度法判断其重要程度的不同，见 7-2，将差异转换为定量数值，形成判断矩阵。

表7-2 比率标度表

标度	含义	标度	含义	说明
1	A_i 与 A_j 同等重要	—	—	① A_i 与 A_j 为同一层次的两个评价指标 ②相对上层某个评价指标判断 ③需要两个判断的折中
3	A_i 比 A_j 稍微重要	1/3	A_i 比 A_j 稍微不重要	
5	A_i 比 A_j 明显重要	1/5	A_i 比 A_j 明显不重要	
7	A_i 比 A_j 强烈重要	1/7	A_i 比 A_j 强烈不重要	
9	A_i 比 A_j 极端重要	1/9	A_i 比 A_j 极端不重要	
2，4 6，8	两相邻判断的中间值	1/2，1/4 1/6，1/8	两相邻判断的中间值	

假如设定某层次因素集 $U=\{u_1,u_2,\ldots,u_n\}$，将 u_i 与 u_j（$i,j=1,2,\cdots,n$）两两比较，根据上表进行差异定量化，得判断矩阵：

$$A = \begin{bmatrix} a_{11} & a_{12} & \ldots & a_{1n} \\ a_{21} & a_{22} & \ldots & a_{2n} \\ \ldots & \ldots & \ldots & \ldots \\ a_{n1} & a_{n2} & \ldots & a_{nn} \end{bmatrix}$$

计算判断矩阵 A 的特征向量，即指标权重。

对判断矩阵 A，计算满足 $AW=\lambda_{\max}W$ 的特征根和特征向量，并将特征向量正规化后得到 $W=[W_1,W_2,\ldots,W_n]^T$ 来作为本层次元素对于其隶属指标的权重。

注意单层次到总层次排序是从上到下逐层进行的，即下级指标 B_{ik} 对于指标 A 的权重向量是通过指标 B_i 相对于上层指标 A 的权重向量 $W_{A\to B1}$ 和下级指标 B_{ik} 相对于其隶属指标 B_i 的权重向量相乘计算得出的。

（2）一致性检验

为保证不同层次的重要性比较整体一致，引入 CI 度量矩阵偏离程度，

即判断矩阵 A 的最大特征根 $\lambda_{\max}$ 与 n 之间的差额和 $n-1$ 的比值。其中，平均随机一致性指标见表 7-3。

$$CI = \frac{\lambda_{\max} - n}{n - 1}$$

通常判断矩阵的阶数越大，检验难度越高，通过查找平均随机一致性指标 RI，计算一致性比率 CR 作为检验指标。

$$CR = \frac{CI}{RI}$$

表7-3　平均随机一致性指标 RI

阶数 n	1	2	3	4	5	6	7	8	9
RI	0	0	0.58	0.9	1.12	1.24	1.32	1.41	1.45

当 $n=1$，2 时，CR 为 0，不需检验，总是具有一致性。当 $n \geq 3$ 时，需要检验，若 $CR < 0.10$，则表明检验结果具有一致性，判断矩阵是可以接受的；否则必须重新进行指标重要性比较，调整判断矩阵中的元素，直到具有满意的一致性为止。

7.2.3.2 模糊综合评价法

模糊综合评价（Fuzzy Comprehensive Evaluation）是基于模糊数学隶属度原理，通过将定性指标转化为定量指标，对受多种因素影响的对象做出一个较全面和整体的评价。

工作流程如图 7-2 所示。

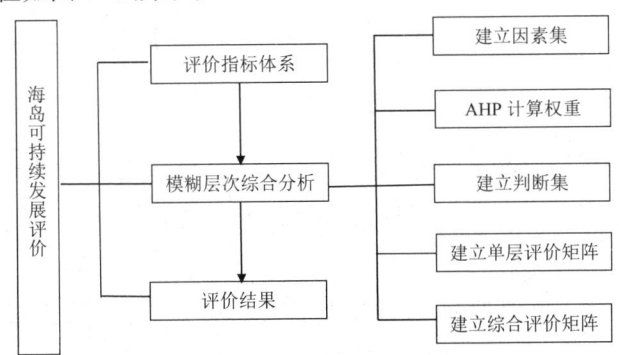

图 7-2　海岛可持续发展模糊综合评价法工作流程

（1）建立因素集 $U=\{u^1,u^2,\cdots,u^n\}$，$(i=1,2,3,\cdots,n)$；因素集由各种评价指标组成。

（2）按照层次分析法确定评价指标的权重，权向量 $W=\{w_1,w_2,\cdots,w_n\}$，$(i=1,2,3,\cdots,n)$，同时规定：

$$\sum_{i=1}^{n}W_i=1$$

权重 W_i 是单因素指标在总的评价指标当中重要程度的体现，通过调整权重可以反映出评价指标对项目绩效的倾向性。

（3）确定评价等级和相应标准，做出判断集 $V=\{v_1,v_2,\cdots,v_j\}$，$(j=1,2,3,\cdots,m)$。判断集各元素 v_j 代表各个可能的评判结果，模糊综合评判的目的就是在综合考虑所有影响因素后，得出最佳的评判结果，并根据使用情况，建立判断集 $V=\{$优、良、中、低、差$\}$ 来进行表示。

（4）建立模糊评价矩阵 R，进行单层次综合评价。专家组按照给定的评价标准对指标进行评价，不同专家对于同一个指标的评定结果是不一样的。因此，评价结果只能够用对第 i 个指标做出第 j 评价尺度的可能性大小来进行表示。即所谓的隶属度 r_{ij}。

$$R=\begin{bmatrix} r_{11} & r_{12} & & r_{1m} \\ r_{21} & r_{22} & & r_{2m} \\ & & & \\ r_{n1} & r_{n2} & & r_{nm} \end{bmatrix}=(r_{ij})_{n\times m}$$

根据模糊评价矩阵 R，做出一个模糊单层次评判集：

$$B=WR=(W_1,W_2,\cdots,W_n)\begin{bmatrix} r_{11} & r_{12} & & r_{1m} \\ r_{21} & r_{22} & & r_{2m} \\ & & r_{ij} & \\ r_{n1} & r_{n2} & & r_{nm} \end{bmatrix}=(b_1,b_2,\cdots,b_n)$$

（5）多层次综合判断。在确定了单层次的隶属度后，对其上一层次的因素的评价采用同一方法，可以计算出按照最大隶属度决定的综合评价矩阵，得到最终评价结果。

总之，层次分析法选择主要是为了解决两个问题：确定层次结构的权重和指标体系构建。综合指数的分类方法，通过指数分级计算可持续发展指数，以确定可持续发展的岛屿的整体水平。

7.3 可持续开发对策

改革开放以来,我国实现了从旅游短缺型国家到旅游大国的历史性跨越。近年来,海岛旅游已经成为很受欢迎的出行选择。而"十二五"期间,旅游业全面融入国家战略体系,走向国民经济建设的前沿,成为国民经济战略性支柱产业。"十三五"提出,我国旅游业将呈现消费大众化、需求品质化、竞争国际化、发展全域化和产业现代化的趋势。因此,海岛地区应积极响应该理念使其生态旅游业可持续发展,实现保护生态、满足游客需求、维护当地居民利益以及环境教育的功能,笔者提出以下对策供参考借鉴。

7.3.1 增加旅游整体相关投入,优化升级旅游生态系统结构

(1)加大对旅游的资金投入规模,完善基础设施建设

发展海岛生态旅游业进程中,大量基础设施、环保配套设施建设、旅游设施建设和旅游资源合理有序开发以及环境资源保护等工作都需要以资金为前提。因此,要使海岛旅游开发活动更加合理和完善,国家应制定海岛发展的优惠政策,推动海岛社会经济全面发展,保证旅游接待服务设施供需平衡,并完善基础设施的环保配套设施建设。

(2)增强科技的投入

海岛的发展离不开科技的带动和促进,科学技术是第一生产力,大力引进低碳绿色环保建筑材料和施工方式,由传统能源动力为主建设模式逐渐转变为新型旅游绿色环保能源为主的建设模式。

(3)加强对旅游从业人员的培训,吸引高素质人才前来

旅游人才作为高能值转化率的要素,所含有的能值量特别高,且对于优化海岛生态旅游系统的结构具有不可替代的重要性。因此,海岛旅游应该加大现有旅游从业人员的培训工作,同时引进高层次的旅游人才,使得海岛旅游人力资源结构更加合理,进一步优化生态旅游系统的结构。

7.3.2 加大环境污染治理，减少生态系统压力

（1）大力推行绿色环保酒店模式

旅游所具有时间上的延续性决定了旅游住宿的重要性。传统的酒店、宾馆，大多存在着高能耗、高消耗和高污染的问题。随着海岛旅游业的发展，会吸引更多的旅客驻足，必然会导致海岛生态旅游承受更大的压力。因此，现有酒店、宾馆应积极向低碳绿色环保酒店模式转变。

（2）大力推进海岛风能、潮汐能等新兴能源

海岛由于其特殊性，拥有非常丰富的自然资源。大力推进海岛风能、太阳能、潮汐能等新兴能源，将充足的能源转化为高能值的电能，为海岛生态旅游系统服务。

（3）大力引进绿色环保工程

随着海岛旅游的兴起，会吸引更多的人来海岛驻足。这些游客一方面可以给当地的财政带来可观的收入，另一方面，游客带来的生活垃圾等也会越来越多。因此，要增加一些污染物治理的工程建设和污染治理的先进仪器设备。比如，加大蓄水工程的建设力度，建立海岛水处理工程，将处理后的水用于冲厕所再进入最终的污水处理。另外，生活污水在经过生化处理后，可以再用在农业灌溉上，既有利于植物生长，又净化了水体，减少了生态系统的压力。

7.3.3 挖掘海岛旅游资源，发展特色旅游项目

海岛旅游应该紧抓其特殊性，为旅游地创造赏心悦目的魅力，各旅游地只有具备与众不同的特色，才能在激烈的旅游市场竞争中确定鲜明的市场形象。因此，海岛旅游应开发一系列生态旅游项目，使得这些旅游项目体现天人合一、可持续发展的思想，既保护海岛自然生态环境不受到破坏，又满足游客多样化的旅游需求，给游客留下难忘的旅游经历，同时促进海岛的经济发展及当地居民的生活水平及生活质量提高，因而不同类型的生态旅游资源应该注重多方向开发和可持续利用。具体生态旅游产品如下：

（1）海岛自然风光旅游

我国海岛分布广泛，温带、亚热带和热带海域均有分布，生物资源丰富，不同区域海岛的岛堤、海岸线等和周边海域的各种生物群落和非生物

环境共同形成了各具特色、相对独立的海岛生态系统。

一方面，我国岛屿的地貌多种多样，按其成因可分为大陆岛、火山岛、珊瑚岛和冲积岛。大陆岛原属于大陆的一部分，后因地壳下沉或海平面上升而与大陆分离，其地质构造与邻近大陆相似，如我国的台湾岛、海南岛；火山岛是由海底火山喷发出的岩浆物质（熔岩、火山灰等）堆积并露出海面而成，如涠洲岛、钓鱼岛群岛等；冲积岛是陆地河流携带的泥沙搬运到海里，长年累月堆积而成的海岛，如崇明岛；珊瑚岛是海洋中造礁珊瑚的钙质遗骸和石灰藻类生物遗骸堆积形成的海岛，我国的珊瑚岛集中分布在广阔的海南省、台湾省和广东省。这些不同景观的海岛，对游客有较强的吸引力。因此，依托海岛生动多样的地貌景观，可以开发出内容丰富的生态旅游产品，有利于满足旅游市场的多样化需求。

另一方面，海岛因其特殊的地理位置和适宜的环境，适合许多生物生长，形成了独特的海岛生物圈。海洋生物资源丰富，我国已记录的海洋鱼类有3 023种，其中在海岛所在的海域就分布着数百种。近岛海域还是鲍鱼、对虾、鳗鱼、扇贝等诸多海珍品的繁殖场所。这些生物资源不仅具有观赏价值，而且具有科研价值。

（2）海岛特色人文旅游

一般来说，由于海岛离陆地距离较远，交通阻隔，信息闭塞，在古代常作为贬谪高级政府官员和军队领导的地方，或作为失败的军队逃亡的地方，或作为军事据点而富含历史文化旅游资源。例如，定海的三忠祠、姚工殉难处、留方井等。海岛由于面对大海，岛上居民靠海为生，产生了海洋宗教文化，如普陀山的佛教文化，湄洲岛的妈祖文化及与此文化相关的宗教庙宇等都是人文旅游资源的重要组成部分。此外，由于海岛长期以来与陆地相隔绝，产生了海岛特有的民俗活动，也是一项重要的人文旅游资源，如海南岛的黎族风情等。

7.4 可持续开发管理

海岛蕴藏着生物、旅游、海洋能等丰富的资源，随着科技水平不断提高，人们越来越认识到海岛的资源价值。如何在可持续发展的理念下更好地做到海岛在保护中开发，平衡开发利用与生态环境之间的矛盾，笔者从我国海岛价值分类体系提出对策和建议。

7.4.1 强化具有国防与权益价值海岛的国家管理行为

根据《联合国海洋法公约》的有关规定，海岛不仅在于小岛本身的一些价值，它还拥有领海、大陆架和专属经济区等资源的权益，是国家领土不可分割的组成部分，在确定领海基点和维护海洋权益方面具有重要作用，所以有些海域的岛屿具有一个国家国防和权益价值的战略意义。

首先，应该统一将这些海岛，尤其是无居民海岛纳入国家层面来管理。其次，加快推进领海基点岛屿的勘测以及基础性研究工作，加强领海基点岛屿主权及相关权益的保护，体现实际控制的历史事实，防止被其他国家侵吞。最后，出台优惠政策鼓励对这些岛屿进行开发利用与保护，这样才既有利于保护这些领海基点岛屿的国防和权益，又可以有力地促进这些岛屿的适度开发和利用。

7.4.2 建立海岛可持续发展的管理系统

不同种类的海岛由于其自身的特殊性，开发利用模式有较大的区别。因此，迫切需要对海岛整体资源进行综合性的资源评价和规划工作。我们要借鉴国外发达国家成功的海岛治理模式和经验，加强宏观的管理，树立全局区域的理念。

（1）建立海岛开发标准

通过对海岛进行功能分类，划分开发类别。培养更多的海岛开发和保护领域的专家，鼓励和支持开展相关层面的科学研究。必须建立一个科学的海岛开发利用与保护的论证机制，使海岛开发从一开始就走上科学的发展轨道。比如，可以在综合分析岛屿的自然和人文背景基础上，在开发次序上划分为优先开发、重点开发、限制开发和禁止开发等类别。

因此，根据不同岛屿的主体功能，对于开发利用的手段、方式、次序等做整体规划。比如，海岛有很多可供人类利用的经济资源，但在利用经济资源的同时要注意对海岛的保护，有些资源的开发利用可能会对海岛的本体或者说生态系统产生巨大的破坏性，而有些对海岛破坏不大可以开发利用的资源，我们应该明确鼓励，如海水养殖、海滩、土地、石油和天然气、地表水和地下水等岛上的其他经济资源。而那些破坏性较大或者具有生态价值的海岛要明确限制或禁止开发利用，如禁止建筑材料和珊瑚资源的开发利用。

（2）加强各级各类保护区的建设和管理

科学规划引领，发展区域经济已慢慢成为人们的共识，我们国家海洋面积广阔，海岛星罗棋布，更应进一步加强各级各类保护区的建设和管理，有选择地制定和划定一批各种类型的自然保护区，如湿地自然保护区、海滩沿海自然保护区、珍稀与濒危动物自然保护区、原始自然保护区、自然历史遗迹等保护区等，立足于一个区域去认识并有效管理涵盖的所有海岛，把区域内的主岛或者核心部分的战略定位确定后，可以针对区域的海岛特质和不同的地质环境要求，突出特色，精细化提出每个海岛的发展模式，要规定区域内生态环境的保护面积达到一定的比率，从而多点带面，较好地推进整个区域内海洋的可持续发展和有序管理。

7.4.3 依靠科技的进步促进海岛可持续发展

海岛一般距大陆较远，交通不便，但是随着科技创新的发展，人类对海岛的认知在不断加深。因此，科技力量对海岛的资源管理作用也越来越突出。

一方面，随着科技创新的发展，促进了基础设施的改进。比如，海水的淡化、垃圾的清洁处理、通信设备等技术的进步，使人类可以长期在海岛活动。

另一方面，科技的发展，通过天气水文、环境监测、矿产勘测、生物多样性调查等统计调查技术，可以使人们更好地全面认识海岛的基本资料和资源调查。而海洋资源应用的发展，使我们发现海洋不仅拥有丰富的资源，而且可以从海洋生物标本上发现大量的有价值的化合物。

总之，随着科技的发展，人们对海岛的认识不断加深，也有助于人类更加科学、合理地对海岛资源进行适度开发和生态环境的有效保护。海岛的管理还有待于我们去发现和探索，博大的海洋对我们人类还是一个不断探索的未知世界，国家要不断支持和扶持相关的科技力量，加快对海洋的探索力度，促进海岛的有序管理和开发利用。

参 考 文 献

[1] 涂振顺，杨顺良，姬厚德. 无居民海岛资源环境承载力多目标规划模型初探[J]. 海洋开发与管理，2018，35（03）：81-86.

[2] 金亚平，吕华当. 国家海洋局政策法规与岛屿权益司司长古妩：海岛保护和管理坚持生态优先[J]. 海洋与渔业，2018（03）：30-31.

[3] 姬厚德，罗美雪，蓝尹余，等. 福建省无居民海岛开发利用的契机、挑战和对策[J]. 海洋开发与管理，2018，35（02）：34-38.

[4] 李源源，包希港，朱龙祥. 基于层次分析法的无居民海岛环境承载力评价体系[J]. 中国高新区，2018（03）：43.

[5] 王晶，赵锦霞，丰爱平，等. 市级海岛保护规划编制要点探讨——以钦州市为例[J]. 海洋开发与管理，2018，35（01）：60-64.

[6] 俞仙炯，崔旺来，邓云成，等. 海岛生态保护红线制度建构初探[J]. 海洋湖沼通报，2017（06）：115-121.

[7] 方琼玟，李易珊. 广东海域和无居民海岛使用启动"放管服"改革[J]. 海洋与渔业，2017（11）：24-25.

[8] 刘春燕，唐俐. 论无居民海岛使用权的性质[J]. 海南广播电视大学学报，2017，18（04）：105-109.

[9] 王晓亚. 广西无居民海岛非法开发的公共治理研究[D]. 南宁：广西大学，2017.

[10] 黄维. 钦州无居民海岛旅游开发适宜性研究[D]. 南宁：广西大学，2017.

[11] 曲林静. 广东海岛开发利用中基础设施建设有关问题初探[J]. 海洋信息，2017（02）：44-47、51.

[12] 李晴，李方，于姬，等. "十三五"期间我国海岛综合管理发展对策研究[J]. 海洋开发与管理，2017，34（04）：88-92.

[13] 孙元敏，汤坤贤，陈慧英，等. 无居民海岛植被恢复过程中物种多样性及土壤特征初步研究[J]. 应用海洋学学报，2017，36（01）：1-5.

[14] 王琪，尹延科，张霜.无居民海岛开发PPP模式的困境与路径选择[J].海洋经济，2017，7（01）：9-17.

[15] 卢千妮.浅谈无居民海岛——大小破灶屿的旅游策划研究[J].黑龙江科技信息，2017（04）：199-200.

[16] 匡巧娟，赵书彬，杨定海.台风影响下无居民海岛防灾避险场所的规划设计[J].海洋开发与管理，2017，34（01）：87-91.

[17] 黄鹏飞，宋代旺，王生辉，等.海水淡化在无居民海岛保护和利用中的应用[J].海洋经济，2016，6（06）：15-20.

[18] 方春洪.单岛保护和利用规划的理论技术框架探讨[J].海洋开发与管理，2016，33（09）：15-19.

[19] 马志勇，刘贞文，陈翰.浅析福建省无居民海岛旅游资源与开发对策——以平潭东甲岛为例[J].海洋开发与管理，2016，33（08）：98-100.

[20] 刘超，崔旺来.基于演化博弈的无居民海岛生态补偿机制研究[J].浙江海洋学院学报（人文科学版），2016，33（04）：24-32.

[21] 阿东.在新的起点上推进法治海洋和海岛管理工作再上新的台阶[J].海洋开发与管理，2016，33（S1）：11-15.

[22] 郑俊鸣，方笑，朱雪平，等.平潭大屿岛植物资源及其多样性研究[J].安徽农业大学学报，2016，43（04）：640-645.

[23] 吕雪松.上海市无居民海岛生态承载力评价[D].上海：上海海洋大学，2016.

[24] 沈远，于姜梅，谢立峰，等.高强度海域开发活动对无居民海岛岸滩影响——以舟山十六门海域无居民岛为例[J].海洋学研究，2016，34（01）：35-44.

[25] 姬厚德，罗美雪，杨顺良，等.无居民海岛保护和利用规划中开发空间的确定方法[J].海洋通报，2016，35（01）：16-20.

[26] 马云瑞，刘大海，仲崇峻，等.无居民生态岛建设评价体系初步构建——以大洲岛为例[J].中国海洋大学学报（自然科学版），2016，46（03）：8-14.

[27] 王双，张盼盼.无居民海岛开发地形地貌控制技术要求浅析[J].海洋信息，2015（03）：50-54.

[28] 戴培杰，杨丽华，董楠楠.宁波无居民海岛保护性开发模式探析[J].特区经济，2015（05）：35-38.

[29] 李嵩誉.生态保护优先观再思考——以无居民海岛生态保护为视角[J].郑州大学学报(哲学社会科学版),2015,48(03):47-51.

[30] 常立侠,熊兰兰,白文魁.无居民海岛开发控制性指标体系建设初探Ⅰ——控制性指标初步选取及量化探索[J].海洋开发与管理,2015,32(05):12-17.

[31] 张庆,孙华贞.我国无居民海岛旅游开发投资风险研究[J].安阳师范学院学报,2015(02):66-70.

[32] 朱正涛,谷东起,陈勇,等.青岛市无居民海岛旅游开发适宜性分级评价[J].海洋开发与管理,2015,32(03):112-116.

[33] 游建胜.我国无居民海岛开发保护的现状及对策[J].福建论坛(人文社会科学版),2015(01):34-37.

致　谢

　　经过两年多的努力，本书终于能够付诸出版，不仅代表了该研究内容的总结，而且还体现了工作内容、经验、体会和知识积累的全过程。在这段时间里，对北部湾海岛的认识、对海岛生态旅游的认识、对海岛生态评估的认识等各个方面，均有了更深入的理解。想当初，为了看看海岛的开发经验，我和团队成员一起，踏上了海南省陵水县的分界洲岛、广西壮族自治区北海市的涠洲岛等小型岛屿，看看无居民海岛和有居民海岛的开发区别、开发理念、开发模式和开发效果，然后沉下心来，做研究、总结并撰写论文。在连续发表了3篇"六大检索"收录的论文以后，我仍觉得论文不能反映研究的全貌，有必要出一本此方面内容的书。

　　本书在写作的过程中，受到玉林师范学院、玉林经济社会发展研究院和钦州学院各位领导和老师的指导、支持和帮助，值本书完稿之际，对各位领导的关心和支持一并表示感谢！本书的出版受到玉林师范学院农业硕士学位点建设经费的资助，本课题的研究受到北部湾海洋文化研究中心（钦州学院）开放课题资助，在此一并感谢。

2018年4月19日于荔园